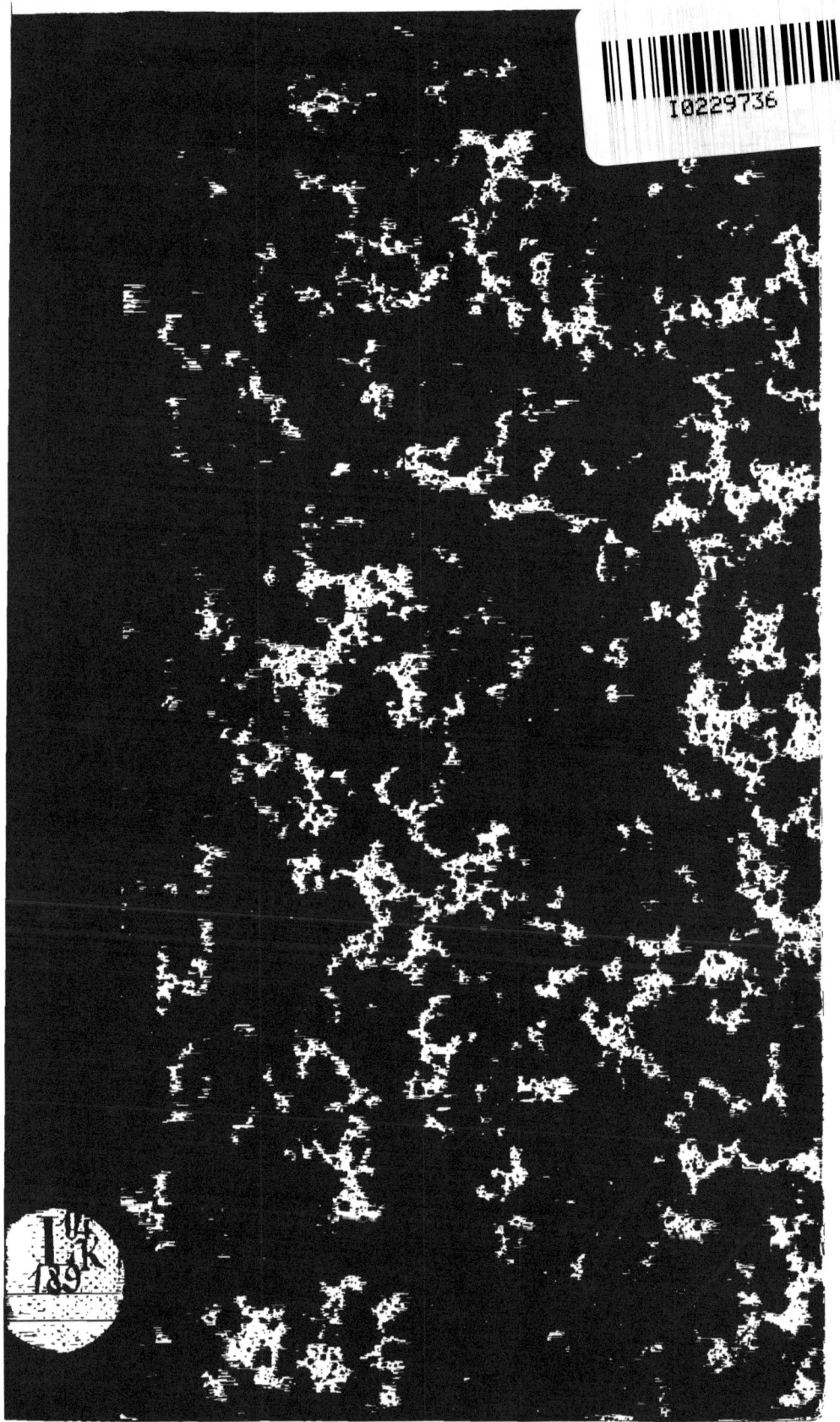

TROIS RECÈS

INÉDITS

des États de Franche-Comté.

Extrait des Mémoires de la Société d'Emulation du Jura.

LONS-LE-SAUNIER
IMPRIMERIE DE GAUTHIER FRÈRES

1873

Quand les états de Franche-Comté avaient tenu leurs séances, le greffier desdits Etats recueillait les recès des procès-verbaux de ces séances dans trois registres différents : l'un de ces registres est maintenant déposé à la bibliothèque de Besançon ; l'autre est à la bibliothèque nationale ; l'autre enfin, après différents possesseurs, est arrivé entre nos mains. En le parcourant, nous avons constaté que plusieurs Recès n'étaient pas compris dans la publication qu'a fait en 1847 le regretté M. De Troye ; car il n'avait pu en avoir connaissance, ne sachant ce qu'était devenu ce manuscrit. Ce sont ces trois Recès que nous offrons au public ; les amateurs de notre histoire en comprendrons l'importance.

Nous avons l'espoir que quelques autres plus anciens se retrouveront également plus tard ; car quoique beaucoup de titres importants aient disparu, nos archives nationales sont encore riches, et on commence à comprendre l'importance de ces vieux titres. En effet, ce n'est que par la publication de documents pareils qu'on reconstituera la véritable histoire de Franche-Comté, celle de notre administration, de nos luttes et de nos misères, et qu'on liera fortement cette histoire à l'histoire générale de France.

D.-A. THIBOUDET.

I

Le mardi XIIIe jour de febvrier mil iiij^c iiij xx et dix-huit (1498), au lieu de Salins, de la part de révérends pères en Dieu, messieurs les prélats, abbez, vénérables personnes, les archidiacres, chanoines et autres gens d'église, et aussi gens et députez des villes et plat-pays représentans les trois États du Comté de Bourgogne (1) assemblez aud. iour et lieu par lettres de très-honoré et [re]doubté seigneur monsieur de Vergy, mareschal de Bourgogne, ont esté faites les très-humbles requettes et remontrances qui sensuivent.

A savoir que veue la grande foule du pays, les frais et dommages qu'il a supporté au moyen de la guerre, en manière que les pauvres gens n'ont plus de quoy vivre, qu'il plaise à mon dict sieur le mareschal se retirer et desloger tous gens d'armes vivans sur ledit pays, et à la charge d'iceluy, A scavoir ceux du pays en leurs maisons, et envoyer les étrangers devers le roy, leur interdisant et deffendant par ses lettres et mandements de doiresnavant tenir les champs, ne de prendre plus aucune chôse sur les habitans dud. pays par appatissemens despenses vivres ne autrement en quelque manière que ce soit, le tout à peine de confiscation de corps et de biens en procédant à l'encontre des désobéissants faisans le contraire sy rudement que ce soit exemple à tous autres.

Et à cette fin que mond. sieur le mareschal ordonne aux bailliz, leurs lieutenans, aussy aux nobles, justiciers, officiers et subjets dud. pays, contreindre lesd. gens de guerre pour obéir à ce que dessus, nonobstant toutes et quelconques appellations.

Et en faisant vuider et retirer lesd. gens de guerre par effect, lesd. deux Estats (sans préjudice des libertez et priviléges dud. pays, et sans cy après le tirer à conséquence) feront délivrer en prest à mond. sieur le mareschal ou son commandement la somme de deux mille cinq cens frans affin que sans déport ou excusation quelconque, il les fasse retirer et vuider comme dict est, dont seront rembourcez lesd des deux estats par noz souverains seigneurs, ou par les trois estats dud. pays.

Item, et en ensuyvant ce que desia avoit esté ordonné luy plaise des maintenant faire retirer lesd. gens de guerre estant de ced. pays en leurs maisons, à la peine que dessus.

Et pource que les subjets de ced pays au moyen de la guerre sont destruictes et en extreme nécessité et pauvreté, tellement que le faiz de la guerre et desd gens d'armes leur est insupportable, et aussy la communication des pays voisins leur est substraite de laquelle ils ne se peuvent bonnement passer, Plaise aussy à mond. sieur poursuivre et pourchasser devers le roy, que par paix ou trefues longues *comnicatives* et marchandes ou autrement, Icelluy pays puisse estre et demeurer sans guerre ou sans gens d'armes et en la vraye obéissance du roy et monsieur nos souverains seigneurs (2).

Aussy attendu qu'il conviendra asseoir lad somme de deux mil cinq cens frans sur lesd des deux états, plaise ordonner et déclarer que tous, exempts et non exempts, privilégiez et non privilégiez, ensemble des subgetz, biens et chevance de ceux qui tiennent party contraire à nosd. sieurs, séans en ced comté, soient contribuables, Et que des plus clerz deniers et revenuz d'yceulx les sommes qui leur seront imposées soient relevées et fournies, et sur ce octroyer mandement comme pour les propres deniers de nosd. sieurs.

Et des choses dessus dites que mond sieur le mareschal face expédier ses lettres signées de luy et de l'un de ses secrétaires.

Signé G. DE VERGY.

Et plus bas, par mond sieur le mareschal,

VARNOROT.

NOTES

(1) On trouvera au second recès la raison pour laquelle la noblesse de Franche-Comté manquait aux Etats généraux. D'une part, la guerre contre Louis XI avoit été fort meurtrière, et précédemment les batailles de Morat et de Grandson l'avoient bien épuisé ; et à cette époque (1498), la plupart des nobles etoient morts ou encore en captivité.

(2) Le peu de commerce qui existoit alors en Franche-Comté, se faisoit en grande partie avec la Suisse qui venoit dans le pays s'approvisionner de blé, de vin et de sel, (lettres sur la guerre des Suisses de M. de Gingins, p. 21) puis quelque peu avec les provinces limitrophes de la France, et enfin quelque peu avec l'Alsace et la Lorraine. Comme on en peut juger, les relations n'étoient pas encore rétablies à l'époque de ces Etats généraux, et il y avoit cependant déjà à peu près dix-neuf ans que la guerre avoit cessé.

Ce recès, du reste, fait ressortir le pitoyable état où s'est trouvé la Franche-Comté après la guerre de Louis XI.

DEUXIÈME RECÈS.

Aux présens estats assemblés en ceste ville de Salins, le treizième iour du mois d'apvril après Pasques, l'an mil cinq cens et sept, en vertu des lettres patentes closes de la Sacrée Majesté du Roy des Romains notre sire (1) envoyées par révérend père en Dieu monsieur l'évesque de Basles, haults et puissans seigneur messire Sigismond, conte de Lonphen, capitaine général dud seigneur roy, en ses pays d'Auxois, messire Guillaume, seigneur de Vergy, mareschal de Bourgoingne, messire Estienne de Thiard, chevalier seigneur de Bussy, chef du Conseil dud. seigneur roy, et président des parlements de Bourgoigne, et messire Simon de Ferrectes, aussy chevalier ambassadeurs et procureurs du seigneur roy.

Lesquels assemblez en la grand sale des frères mineurs du couvent dud. Salins ont présentées lesd lettres closes à ma très redoublée dame, madame la princesse d'Aurenges (2), messieurs de Genrey, de Neufchâtel, de Ruffey, de Vienne (3), de Fontaine-Française, révérends pères en Dieu les abbez de Montbenoit, de la Charité, vicaire de monsieur de Besançon et à tous messieurs desd. estats illec assistants et congreguez et assemblez.

Lesquelles lettres veues par les dicts seigneurs des estats de la part desd. seigneurs ambassadeurs et procureurs dud. seigneur roy des Romains, par led seigneur président a esté très-élégamment proposé les causes de leurs légations déclairans ausdicts seigneurs des estats que led seigneur roy en ensuyvant la supplication et requeste à luy faites par les députés desd. estats qui avaient visité Sa Sacrée Majestée royale à Salembourg, qu'il acceptait comme ayeul paternel la Mantbourine, légitime administration et gouvernement des corps et biens, pays, terres et seignories de monsieur Don Charles archiduc d'Austriche, prince de Castille, filz de feu très recommandée mémoire Don Philippe à son vivant roy de Castille, duc et comte de Bourgoingne, son fils notre souverain seigneur auquel Dieu face mercy (4). Les mercioit par eux du bon vouloir qu'ilz avaient heu par le passé, et continuaient à luy et à mond. seigneur l'archiduc son fils nostre souverain seigneur.

Requérant ausd sieurs des estats, actendue lad. acceptation, qu'ilz feissent aud. seigneur roy comme ayeul paternel Mentbourg, et légitime administrateur, le serment de fidélité selon qu'il appartenait, et que led. seigneur roy leur avoit par ses létres patentes, donné pouvoir et procuration de faire ausd. estats aussy le serment partinent et leur promettre faire la confirmation de leurs privilèges franchises et libertez du pays ainsy que avoient faict messieurs les comtes de Bourgoigne, prédécesseurs de mond. sieur l'archiduc notre souverain seigneur, leur requerant pour les grands et urgens affaires et autres causes et raisons mises avant, et pour le bien, garde et seurté du pays et de leurs personnes et biens que lesd. des estats facent un don libéral, gratuit et sans préjudice de leurs libertez, privilèges, et aussy de la prendre ne tirer à conséquence, de la somme de trente mil libures, monnoye dud. Comté de Bourgoingne, et de ce baillerait ses lettres, patentes de non préjudice à la manière accoustumé avec la confirmation de leurs privilèges aux députez desd estats, que par eux seroient envoyés à sa très-sacrée majesté, laquelle pour soulagier lesd. estats avoit intention les suractendre en son comté de Ferrecte qu'est le lieu le plus prochain dud. comté de Bourgoingne. En faisant sur ce plusieurs belles et grandes offres et remontrances donnans clerement à cognoistre la singulière amour et dilection que led. seigneur roy porte ausd seigneurs des estats de ce comté de Bourgoingne.

Mesd. seigneurs des estats après qu'ils ont ouyes et entendues les chôses ainsy très-élégamment à eux proposées de la part desd. seigneurs ambassadeurs se sont retirez en la manière accoustumé, et ont sur les chôses dessusd. délibéré conclu et accordé, ainsy que cy après sera déclairé.

Lesquels seigneurs desd Etats le jourdhuy quatorzième dud mois d'apuril se sont de rechef assemblez en lad sale du dict couvent, et eux assemblez et mesd seigneurs les ambassadeurs aussy et présents, de la part desd. seigneurs des estats par maistre Nithier Patornel, conseillier et premier advocat fiscal de nosd. sieurs en leurs parlements a été dict et déclairé et respondu ausd. seigneurs ambassadeurs, et procureurs après aucune prémisses et louanges des parsonnes desd. seigneurs roy des Romains et feu roy de Castille, que lesd des estats remercioient très humblement lad. très-sacrée majestée dud seigneur roy à laquelle avoit pleu envoyer mesd. sieurs ses ambassadeurs pour les visiter et consoler, aussi comme raison vouloit, il avoit accepté lad Mainbourne et légitime administration des corps et biens de mond. sieur l'archiduc nostre dit souverain seigneur suppliant à leurs personnes très humblement lad. très sacrée majesté dud seigneur roy que son bon plaisir soit les entretenir en leurs privilèges, libertez, franchises et exemptions, en bonne paix et amour, et qu'il les aye tousiours en bonne souvenance et recommandation. Et quant à eux, ils feront et seront comme tousiours par cy devant ont faict et esté bons, vrais, loyaux et parfaicts vassaulx, féaulx et subjects à sa très sacrée majesté comme ayeul mentbourg tuteur et légitime administrateur des corps et biens, pays, terres et seignories de mond. seigneur l'archiduc nostred. souverain seigneur, et luy offrent faire le serment tel que de raison comme ils sont tenuz et ont accoustumé faire à leur souverain seigneur, Et combien que led comté de Bourgogne, subiectz et habitanz d'icelluy ayent puis et sont trente cinq ans soubstenuz de dommaiges inextimables tant par les guerres qui y ont régné, les feugz y mis, parsonnes prisonnières, les autres après leurs prisons et deniers de ranbçons payés, mors et autres occis, famines, mortalitez et stérilité qui y ont esté, semblablement que pour survenir et fournir aux très grandz fraiz des dernières guerres et des voyages dud feu seigneur roy de Castille par luy faictz en ses royaumes en Espaigne ils ont tans fourniz de deniers que led. comté de Bourgoingne et habitants d'Icelluy sont totallement desnuez d'argent et en grande pouvreté, et aussy quil leur convient payer leurs députez, envoyer devers la sacrée majesté mond sieur l'archiduc et ma dame la duchesse douaigière de Savoie, sa fille (5), que aultres, mais en parseverant et demonstrant les bons loyaulx et grands couraiges qu'ils ont aud seigneur roy, liberallement en don gratuit et sans préjudice de leurs privilèges et exemptions, et soubz les modificationz suigvantes.

Et moyennant qu'il plaise aud. seigneur roy faire tousiours entretenir ses subjectz dud. Comté en bonne paix et justice, ainsy que de sa part leur a esté offert par lesd. ambassadeurs et depputez, ils ont accourdé et donné aud. seigneur roy aud. nom la somme de quinze mille francz, monnaye dudit Comté à les payer assavoir la moitié au jour de nativité, notre seigneur prouchainement venant, Et l'autre moitié et le reste des quinze mille francz à la resurrection nostre Seigneur ensuyvant et prochainement venant.

A prendre et relever lesd. deniers sur touz les habitanz dud. comté de Bourgoingne exempz et non exempz privilégiez et non privilégiez, et sans préjudice de leurs privilèges libertez et exemptionz aussy en condition que en cas que aulcuns desd. habitans dud. comté que seront imposés de lad. somme ne payeront ou refuseront les payer le trésoriers ou recepveurs dud. don gratuit pour led. seigneur roy seront tenuz prandre les payemens, et requerans les sommes qui seront ainsy imposées sur lesd. refusans pour les en faire exécuter comme des propres deniers de notred. seigneur Roy.

Et pour ce que le recepveur dud. seigneur roy de Castille qui receut les deniers du dernier don gratuit à luy naguères achevé de payer à faict aux derniers députez certaines indehues exécutions comme de arrester leurs parsonnes, que ne fut jamais faict. Ils ont requis et supplyé comme dessus que le plaisir dud. seigneur roy soit que telles exécutions ne se facent sinon en forme de justice et raison, en cas de deffault de payer contre les recepveurs que sont commis et auront receu led. don gratuit, aussy moyennant que les officiers tant de recepts, finances, que aultres pour led. seigneur ne mettront aucun empeschement et deniers que seront imposés par les gens et deputez desd. estats sur lesd. habitans dud. pays, ains moyennant le payement de lad. somme de quinze mille frans laisseront lesd. des estats ordonner et disposer comme raison est de ce qu'il en sera gecté et imposé sans recouvrer par lesd. officiers de recepte et aultres aucun des deniers appartenans ausd. des trois estats.

Et mercient mesd'seigneurs les ambassadeurs

les priant qu'ilz ayent pour recommander envers led. seigneur lesd. des estats, et qu'ils envoyeront devers luy leurs députez pour luy exposer les choses dessusd. et obtenir les confirmations de leurs priviléges, le supplier et requérir les entretenir en bonne paix et union.

Et après ce, mesd. sieurs les ambassadeurs ont dict et déclairé quant aud. don gratuit et aultres choses dessud. ils en feroient le rapport aud. seigneur roy pour a son bon plaisir l'accepter. Et quant au serment de fidélité, ils ont requis ausd. seigneurs des estats de faire en leurs mains et présences selon la forme de leur pouvoir et procuration contenue esd. lettres patentes que ont été lehues à haulte voix en présence desd. estatz lesquelz assavoir mad. dame la princesse, lesd. sieurs devant nommez et tous aultres desd. estats illec présents et assemblez en tenant la main deptre aux sainctz (evangiles) ont faict es présences desd. ambassadeurs commis et deputez le serment semblable et cy après escript, lequel aussy à haulte voix par maître Guillaume de Boisset, greffier desdits estats leur a esté leu, duquel serment la teneur sensuit :

Vous jurez le nom de Dieu par votre foy et serment sur et aux sainctz évangiles de Dieu que vous serez bons et loyaux au roy des Romains comme agent paternel membour et légitime administrateur des corps et biens, pays, terres et seignories de monsieur Don Charles archiduc d'Austriche, (6) prince de Castille, duc et comte de

Bourgoingne, nostre souverain seigneur les obeirez et servirez enuers et contre tous procurerez leurs honneurs biens et prouffitz, et par le contraire évicterez de votre pouvoir toutes entreprinses et domages qui se pourroient faire contre eux et chascun d'eux, leurs pays et seignories, venans à vos cognoissances desquelles le plus diligemment que pourrez, advertirez le roy ou ses lieutenant, général, *mareschal, court souveraine* et aultres officiers qui ad ce seront par luy commis, et génerallement ferez tout ce que bons loyaux vassaux féaulx et subjectz sont tenuz faire à leur souverain seigneur.

Après lequel serment ainsy faict par mad. dame et lesdictz seigneurs des estats, ils ont aussy prié et requis ausdictz sieurs ambassadeurs que en vertu de leur pouvoir et procuration ils fassent au nom dudit seigneur roy ausd. des estats le serement tel et semblable que les comtes de Bourgoignes prédécesseurs de nosd. souverains seigneurs ont accoustumé à leurd. vassaulx feaulx et subjects, lesquelz seigneurs ambassadeurs ont aussy levé la main aux sainctz (evangiles) et juré semblable serement en l'ame dud. seigneur roy comme membour et légitime administrateur que dessus, que led. seigneur roy les entretiendra en priviléges libertez franchises et exemptions telles et semblables que ont faict messieurs les comtes de Bourgoingne prédécesseurs de nostred. souverain seigneur les entretiendra en paix et bonne justice, gardera de son pouvoir de folles oppressions ; et fera envers eux toutes autres choses que souverain seigneur est tenu de faire à sesd. vassaulx feaulx et subjects déclairant par lesdits sieurs ambassadeurs ausd. seigneurs des estatz que s'ils envoyent leurs depputez aud. seigneur roy qu'il confirmera ledit serment selon que leur a donné par instructions, faict les an et iour que dess. presens maistre Marc de Chauvirey de Salins, licentié es droicts, et Jaques Morel de Dole, tesmoings ad ce appelez et requis.

Et ce faict, par les estats de chascun baillage eux retirez par ensemble et àpart ont esleu et nommés commis et depputé à faire légalement dud. don gratuit : Assavoir pour le baillage d'Amont, révérend père en Dieu Monseigneur l'abbé de la charité, noble et puissant seigneur messire Fernande sieur de Neufchâtel et de Montagu et messire Hugue Marmier, lieutenant général de monsieur le Bailly d'Amont pour le baillage d'aval, messire Guy David, docteur es-droicts, conseillier de nostd. seigneur en lad. court de parlement de Dole, prévost de l'église de Saint-Moris, noble et puissant seigneur Gerard de Vienne, seigneur de Ruffey, maistre Loys de Cise, lieutenant-général du baillaige d'aval, et maistre Hugues de Vers, recepveur général de madame la princesse. Et pour le baillage de Dole, reverend père en Dieu, Damp Nicolas Parret, abbé de Buillon, noble et puissant seigneur messire Gerard de Longvy, seigneur de Gevrey (1), et en son absence, noble seigneur mes-

---

(1) Probablement pour Gevry.

sire Jean, seigneur de Champdivers, chevalier, et Gustave du champ bourgeois de Dôle.

Auxquelz par mesdsieurs des estats a été donnée puissance faculté et authorité de faire et imposer led. don gratuit selon qu'il a esté accourdé, et en outre la somme de treize mille francs : assavoir, pour madame la duchesse douhairière de Savoie, trois mille francs, et le surplus pour payer et satisfaire aux frais tant de messieurs les ambassadeurs. Ia envoyez devers ledict seigneur roy, mond. sieur l'archiduc que devers madite dame et de ceux qui seront depputez cy après pour aller devers lad. sacrée Magesté faire la response de par lesd. estats auxquelz seigneurs depputez mesd. sieurs des estats ont aussy donné puissance de tauxer et de faire payer sur lad. somme lesd. seigneurs ambassadeurs selon leurs estats et qu'ils verront estre à faire par raison. Et aussy que en cas que aulcuns d'eulx iroient de vie à trespas ou ne se trouveroient que les survivans et presens aux assembleez desd. depputez procéderont aux engallement et expéditions tant de faire faire et conclure toutes choses que pour le reliévement et payement dud. gect comme aussy de l'audition et affunement des comptes des receueurs d'icelluy gect lesquelz depputez ne pourront commectre ne subroguer en leurs places, faict ausd. estats les an et jour dessusditz.

Et le lendemain quinzième jour dud. mois, lesd. seigneurs des estats ont esleu pour envoyer devers la très-sacrée Magesté du roy, noble et puissant seigneur messire Guillaume, seigneur de Vergy, mareschal de Bourgoingne, nobles seigneurs et saiges messire Estienne de Thiard, chevalier, seigneur de Bissy, chief du conseil de nostre dit seigneur et président de sa court de parlement de Dole, messire Guy David docteur en droictz, vicaire de monsieur de Besançon, messire Philippe Loyette, aussi chevalier par dessus des offices de la saulnerie de Salins, Jean Bontemps, seigneur de Salans et Nicolas Marceret, escuyer mayeur de Salins, ausquelz ilz ont donné la puissance de faire envers nostre dit seigneur selon qu'elle est contenue et escript es instructions et mémoires à eulx faites et baillées par lesd. estats par les depputez desquelz seront tauxées et les feront payer sur lad. somme comme dessus, faict ausd. estats en la saulnerie de Salins les an et jour que dessus.

Instructions à messieurs, messire Guillaume, de Vergy, mareschal de Bourgoingne, messire Estienne de Thiard, chevalier, seigneur de Bissy, chief du conseil du roy nostre seigneur et président de sa court de parlement de Dole, Messire Gui David, docteur es droits, chambrier et chanoine de l'Eglise de Besançon, conseillier de nostred. seigneur en sa dite court messire Philippe Loyecte, chevalier par dessus des offices de la saulnerie de Salins, Jean Bontemps, seigneur de Salans, aussy conseillier de nostd. seigneur et l'un des commis sur le faict de ses finances ; et Nicolas Marceret, escuyer mayeur de la ville de

Salins de ce qu'ils auront à dire et à remonstrer à la sacrée magesté du roy des Romains nostre seigneur ayeul et légitime administrateur des corps et biens de monseigneur l'archiduc prince de Castille, duc et comte de Bourgoingne, nostre souverain seigneur de la part des gens des trois estats du comté de Bourgoingne naguères assemblez en vertu des lettres patentes royaulx en la bonne ville de Salins.

Assavoir, que après la présentation des lettres de créance et les très-humbles recommandations à la bonne grâce de la très sacrée magesté royal, diront et réduiront à mémoire comme les habitants du comté de Bourgoingne en tous estats en suyvant les vestiges, la trasse et les gestes des prédécesseurs ont de tout leurs cœurs aymé et chéri leurs princes et souventesffois se sont employez en leurs services de corps et de biens tellement que feus tres recommandées mémoires les roys, ducs et comtes de Bourgoingne ont par vraie expérience de tout le temps passé trouvé toute entière et loyalle obéissance en leurs subgects des pays de Bourgoingne autant que en subgets, royaumes ou provinces qui soit au monde comme de ce non-seullement l'histoire croniques et escriptures auctentiques contenans choses mémorables l'afferment et démonstrent, et par continuation la mémoire des vivans en est encore récente et fresche la ouvertement demonstré, car pour servir et entretenir la très-noble maison de Bourgoingne en son entier les Bourguignons et habitans en ced. comté, démonstrants leurs loyauté de cœur et couraige ont porté le faict des guerres et divisions passées pour la deffence dud. pays à l'obéissance de leurs princes ou ilz ont heu de grandes pertes et quasy intollerables dommaiges en leurs personnes et biens, car ledit pays a esté pour la pluspart bruslé, destruict et pillé. Et premièrement les nobles du pays *sont morts au service de leur prince*, les autres prisonniers, payer grandes et excessives rançons, et la pluspart des maisons des gentilshommes dud. pays destruictes et abattues, les villes et villages tous destruicts, pillez et gastez, les églises et monastères semblablement pillez et destruits, tellement que de la mémoire des vivans l'on ne trouvera pas que aultre pays prochain ou loingtain ou que ce soit aye tant souffert et porté d'inconvéniens que led. pays pour l'amour et fidélité qu'ilz ont tousiours porté à leur prince.

Et lesquelz des estats considérant la perte inestimable advenue par le très doloreux et lamentable déces et trespas de feu de tres recommandée mémoire le bon roy Philippe (8) que Dieu absoille jadis nostre souverain seigneur en ont porté merveilleux regret et desplaisir. Toutesfois pour ce que c'estoit chose irrémédiable après qu'ils ont recouru à Dieu le créateur et fait devotes prières et obsèques pour le remède et salut de son ame.

Ils ont pris grande consolation en ce qu'il a pleu au Créateur soy tant encliner envers lesd. subgect que led. feu (*) seigneur roy a délaissé vivant sur la terre mond. seigneur l'archiduc messieurs ses frères et seurs ou plus beau et grand nombre qui soit en quelquonque maison royalle dessus la terre dont tout le pays a joye indisible et inexplicable.

Et d'autant plus que la sacrée réelle magesté qu'est le grand père les a en ses mains et puissance et comme ayeul paternel par la disposition de tous les drois à plenière puissance et administration de leurs corps et biens, et qu'il a pleu à sa magesté sur la tres humble requeste des ses subgets en prendre et accepter la charge dont ilz ont loué et louent Dieu le créateur en rendant graces et marcy perpetuellement aud seigneur roy.

Auquel comme ilz ont entendu tant par le rapport de leurs députez envoyés devers sa magesté comme par la legation de messieurs ses ambassadeurs orateurs et commis qu'il luy a pleu envoyer en la ville de Salins où il avoit faict convoquer les estats du pays en vertu de ses lettres patentes et selon la manière accoustumée led. seigneur roy de sa benigme grace a dict et faict dire et exposer l'amour et dilection qu'il porte à sesd. subgects, et que sur toutes choses. Il désire les entretenir en paix, justice et bonne police, les garder de toutes folles (**) et oppressions pour tousiours leur donner meilleurs couraiges de continuer et parseverez en

---

(*) Le mot Seigneur n'est représenté là, comme bien autre part, du resté, que par l'abréviation Sr.

(**) Folle probablement pour foulle.

leurs loyautez et obeissances dessusd. dont lesdicts subgects ont esté consolez, car la chose qu'ilz désirent plus au monde, c'est que le pays demeure en *paix* et *exemptions* dehors de toutes guerres et divisions en l'obéissance de leur souverain seigneur ; car par la paix led. pays pourra ressoldre, et par guerres et divisions en voye de toute ruyne et désolation.

Successivement par lesd. seigneurs ambassadeurs denommez ez letres patentes dud. seigneur a esté pour plusieurs considérations bien à plain et sagement remontrées par eulx faict requeste ausd. des estats qu'ilz voulsissent accourder aud. seigneur roy trente mille libvrez pour une fois pour un don gratuit et liberal sans prejudice des libertez et franchises du pays, ne de le prendre ne tirer à consequence, recouvrables sur tous exempts et non exempts pour ceste fois offrans sur ce lettres de non prejudice en bonne et ample forme, afin que led. seigneur peust mieux entretenir led. pays en paix bonne justice et seurté.

Et combien que le pays soit constitué en très grande puuvreté tant au moyen des guerres passées, pestilences stérilité de temps que aultrement comme lesd. des estats ont a plain remonstré esdits ambassadeurs, et que les proposans le pourront encoires plus à plain repeter, toutesfois pour tousiours demonstrer leurs bons couraiges, et que sur toutes choses ilz desirent complaire à la magesté royalle comme grand père et légitime administrateur, *luy ont liberallement et par don gra-*

tuit accourdé la somme de quinze mille frans recouvrables sur tous exemps et non exemps privilegiez et non privilégiez et sans prejudice de leurs priviléges et immunitez libertez et franchises du pays et que led. don ne sera tiré à consequence, et soulbs aultres modiffications contenues en la response et conclusion des estats que lesd. sieurs ambassadeurs envoyés pourront voir afin d'en faire plus ample remonstrance.

Et au regard du serment de fidélité lesd. subgects tres volontiers et de leur plein gré l'ont faict et presté aud. seigneur roy des Romains comme grand père et légitime administrateur des corps et biens de mond. seigneur l'archiduc son fils nostre souverain seigneur ainsy que sa magesté l'a peu entendre par le rapport de mesd. sieurs ses ambassadeurs lesquelz en suyvant le pouvoir qu'ils avoient de lui ont faict led. serment ou nom du roy nostd. seigneur membour et administrateur que dessus de entretenir et conserver led. pays en paix et justice, le garder de foulles et oppressions, conserver les priviléges, libertez et exemptions dud. pays selon led. forme.

Lesquels des estats en suyvant ce que les dessusd. ambassadeurs leur ont déclairé envoyant devers lad. sacrée magesté royalle luy remercier tres humblement ce qu'il luy a pleu se tant incliner envers eulx, les envoyer visiter par bons et grands personnaiges singulière amour et dilection qu'il pourte à sesd. subjects et des bonnes et grandes offres qu'il luy a pleu leur faire de les vouloir entretenir en bonne paix justice et police, le supplieront très humblement que son bon plaisir soit vouloir continuer affin que led. pays se peust ressordre et remettre sus pour mieux servir leurd. seigneur.

Aussy qu'il plaise à sa magesté encoires et d'abbondant auctoriser ratiffier et confiermer lesd. priviléges, libertez et exemptions dud. pays et des gens desd. trois estats chascun en son endroit et qualité, et à procurer les aultres choses faites et accourdées au nom de sa magesté par sesd. ambassadeurs ayant pouvoir espécial par ses lectres patentes.

Et qu'il luy plaise veue la grande pauvreté du pays soy contenter dud. don gratuit et libéral desd. quinze mille frans a luy accordez selon la forme et les modiffications y contenues, et octroyer ses lectres patentes de non préjudice en bonne et ample forme pour l'entretenement de la franchise et liberté du pays.

Et que le bon plaisir du roy nostd. seigneur soit en suyvant qu'il luy a pleu accorder entretenir lesd. pays et sesd. subgects en bon ordre et justice, *continuer la court souveraine du parlement de Dole* (10), et tous ses officiers en leur offices et administration ainsy et par la forme que led. feu seigneur roy Philippe son filz les avoit bien et saigement instituez et ordonnez laquelle continuation et entretenement sera tousiours cause de donner couraige à sesd. officiers et aux successeurs les mieux et loyalement servir chascun en son estat et qualité, comme il fut faict lorsque [led.] pays paruint soubs l'obéissance de la magesté de l'empereur, que sera leur donner tant meilleur cœur de tousiours faire leurs leaulx debvoirs au service de sa magesté et administration de sa justice.

Avec ce que son bon plaisir soit ordonner que les provisions sentences et arrêtés de la court souveraine et juges royaulx soient demandez à exécutions selon leur forme et teneur et les ordonnances de lad. court de parlement sur ce faites et, si besoing est par main forte.

En oultre que à un gentilhomme nommé Carmugnet et à plusieurs autres sont esté dehues plusieurs sommes de deniers pour le faict des guerres et deffences du pays, son bon plaisir soit les faire appaiser et contenter et que ledit pays en demeur quicte.

Et finablement soit suppliée lad. sacrée magesté que son bon plaisir soit escripre à nostre sainct père le pape touchant l'interdict mis es villes de Dole, Lons-le-Saunier et autres villes et lieux de ce comté de Bourgogne, et donner provision au pays pour obvier a telz interdicts que sont a très grand scandale des subgetcs de mond. seigneur (11). Et est led. (*) interdict faict aud. Salins en la grande saulnerie le xvie jour dapuril l'an mil cinq cens et sept après Pasques.

Par ordonnance de messieurs des estats.

Signé : DE BOISSET.

(*) Nous croyons qu'il y a là une distraction du copiste : au lieu du mot *interdict*, il faudrait le mot instrument ou procès-verbal.

Notes du second Recès.

(1) En 1507, le vieux Maximilien d'Autriche, roi des Romains, administroit le comté de Bourgogne comme tuteur des enfants de son fils Philippe mort en 1506.

(2) A cette époque, Philiberte de Luxembourg, princesse d'Oranges, mère de Philibert de Chalon, habitoit souvent le comté de Bourgogne.

(3) Il faudrait, pensons-nous, lire De Vienne, seigneur de Ruffey.

(4) Des états précédents dont les Recès nous manquent, avoient confié l'administration du comté de Bourgogne à Maximilien. La qualification de Mainbourg signifie tuteur, protecteur. Je ne le trouve employé au XVIe siècle que pour signifier la protection donnée aux grands fiefs. Ce mot est commun dans la langue du moyen-âge.

(5) Marguerite, fille de Maximilien, à laquelle ce prince ne tarda pas à relâcher l'administration du comté de Bourgogne.

(6) Qui fut dans la suite Charles-Quint.

(7) Nous pensons qu'à cette époque Marguerite de Savoye avoit déjà part, au moins en fait, au gouvernement du comté de Bourgogne.

(8) Il est ici question de Philippe-le-Beau, archiduc d'Autriche, comte de Bourgogne, qui mourut jeune, bien regretté de ses sujets.

(9) Le Parlement avoit été récemment fixé à Dole par ordonnance de l'archiduc Philippe, dont nous venons de parler.

(10) Ceci mérite une note détaillée et qui fera juger combien les misères humaines se mêlent aux meilleures institutions ; par une coutume déplorable, et qui remontoit aux temps où l'official intervenoit au nom de l'archevêque dans les relations civiles, on avoit l'habitude de contraindre les mauvais payeurs (et il y en avoit beaucoup alors !) en employant contre eux l'excommunication. Moyennant une rede-

vance, les créanciers empruntoient les foudres de l'Eglise et obtenoient contre les débiteurs une sentence d'excommunication. Les conséquences ne tardèrent pas à se produire : dans la biographie universelle, une note citée et extraite de la bibliothèque séquanoise de Ferdinand de Lampinet dit que l'on avoit vu en même temps quarante mille excommuniés ; il ajoute que, dans les villages, les femmes portoient le gonfanon, parce que tous les hommes étoient excommuniés pour des affaires de néant.

Le Parlement et les états protestèrent longtemps contre ces abus : (voyez Recueil des Ordonnances de Petreman, p. 169, 1re partie.) une autre ordonnance « prenant en considération que l'on avoit le saint concile de Trente pour réduire le glaive d'excommunication..... défend d'en user pour exécution ecclésiastique, afin d'obvier à l'usage indiscret de ladite excommunication ; et, par ce moyen, exterminer les abus qui s'en sont reconnus avec grand scandale et foulle des sujets. (Id. p. 172, liv. 6me, 1re partie.)

Avec le temps, cet abus devint intolérable ; et la religion ne tarda pas à souffrir de la faute de ses ministres : un passage d'un Recès de 1598 dit que l'autorité de l'Eglise étoit presque réduite à néant. Je trouve au Recès des Etats du 16 novembre 1556 ce passage : *parce que plusieurs habitants du pays poursuivent leurs debiteurs par censures ecclésiastiques provenant de l'officialité, plutôt que par justice séculière, tellement que les excommunications sont plus fréquentes audit pays qu'en tout autre de l'obéissance de S. M. Chose scandaleuse et de pernicieuse conséquence pour le salut des âmes de ces excommuniés, dont on a vu plusieurs inhumés en terre profane, et des autres demeurer longtemps sans recevoir les sacrements. Pour obvier à ces scandales, les gens de l'état de la noblesse et des villes ont supplié S. M. faire interdire censures ecclésiastiques réservées aux matières spirituelles.* »

Le clergé fit une vigoureuse résistance à la réforme, il défendit opiniâtrement ses priviléges ; mais à la fin il fallut céder ; l'archevêque de Besançon reçut le revenu d'un abbaye en indemnité ; et tout finit par s'appaiser.

TROISIÈME RECÈS.

A l'Assemblée de messieurs des trois estats du comté de Bourgoigne faite au lieu de Dole au college de monsieur sainct herosme dud. lieu, et que commencèrent le mardy dernier iour du mois dapuril apres Pasques 1538. On avoient esté mandez mesd. sieurs desd. estats par l^{tres} de la très sacrée magesté de l'empereur duc et comte de Bourgoigne notre souverain seigneur (1). En laquelle assemblée ont esté lesd. sieurs des estats en après nommés, a scavoir très reverend pere en Dieu r s^r messire Antoine de Vergy, archevesque de Besançon, reverends seigneurs messire Pierre de la Baume evesque de Genève prince d'empire abbé commendataire de Saint-Claude, Guillaume de Poupet, abbé commendataire des abbayes de Baume et de Goilles, François Bonvalot, abbé commendataire de Saint-Vincent de Besançon, François de la Palud abbé commendataire de Luxeul, messire Bernard de Gruieres official de Besançon, les abbez des abbayes de la Charité, Bellevaux, Corneul, Accy, Theulley et du lieu croissant, venerables personnes messire Mercurin de Boisset, docteur ès droits, doyen de Dole (2), le prevost de l'eglise Saint-Anatoile de Salins et plusieurs aultres seigneurs d'église faisans et représentans l'estat ecclésiastique. Noble sieur messire Jean Faulquier, chevalier seigneur de Commenailles (3), comme commis et représentant la personne de très hault et puissant prince de messire Réné de Chalon, prince d'Oranges, chevalier de l'ordre, premier desd. estats, hault et puissant seigneur messire Claude de Vergy, chevalier sieur de Champlite, messire Jean sieur de Rupt et Adrien de Vaudrey, sieur de Corlaou chevaliers en la court souveraine de parlement, nobles et puissans seigneurs messire Joachin de Rye sieur dud. lieu etc. de Rahon et de Jean de Poupet sieur de la Chaux aussy chevaliers, *le Bailly de Montbeliart*, le comte de Pontdevaulx, les seigneurs de Vaudrey, sieur de Bouclans de Montfort, de Tromarey, de Charrin, de Vaicles, de Lieffrans, de Thouraise, de Montrambert, de Poupet, d'Arches, de Morvillars, de Marigny, de Loulans, de Terrans et plusieurs aultres chevaliers et gentilshommes assemblez en l'estat de la noblesse, les mayeurs et deputez des villes de Dole, Gray, Vesoul, Salins, Arbois, Poligny, et autres gens des villes de ce comté de Bourgoigne.

Lesquelz sieurs desd. trois estats ainsy assemblez de la part de S. M. par hault et puissant seigneur messire Claude de la Baume, chevalier de l'ordre de la thoison d'or, baron sieur de Mont St Sorlin, mareschal de Bourgoingne, messire Hugue Marmier, chevalier, sieur de Gastel et de Longvy, président de Bourgoigne et par noble et egrege personne messire Jean de Saint-Mauris docteur es droits, conseillier et maistre aux requestes de sa magesté, et par elle commis et deputez en cest affaire ont été présentées à mesd. sieurs des trois estats les lettres de S. M. qui ont esté leutes à haute voix, en présence de mesd. sieurs des estats assemblez par le greffier diceux estats.

Après laquelle lecture par mesd. sieurs les président et Saint-Mauris suyvant la charge et commission de sad. magesté ont été dites et proférées a mesd. sieurs des estats les choses qui s'ensuivent.

A scavoir par mond. sieur le président que plusieurs escriptures tesmoignent que pays, royaumes et regions ne sçauroient avoir plus grande félicité ny les habitans icelles moyen tant convenable pour estre et demeurer en repos et tranquillité que d'avoir et estre conduicts par princes digne de regner, tendans à conserver l'estat commun et publique pour estre chose causant aux humains liberté excellente, et par laquelle sont tous pays préservez de corruption et macule.

Singulièrement quand iceux princes sont (*) orn. de vertus, humains clemens et benings euv (*) eurs subjects aux sollicitudes, sont obligés les entretenir de paix, justice et convenable police, vigilans au bien et commodité d'iceux et au rebouttement de toutes choses à eux dommageables, et par lesquelles peuvent tomber en calamité et misère. Car, comme l'expérience la souvent demonstré, plusieurs villes, pays et régions ensemble

(*) Ici tache d'encre au manuscrit ; nous croyons cependant qu'à la ligne supérieure il y a sous la tache le mot *orné* et à la seconde le mot *envers*.

de tous y habitans ont esté désolez, ruinez et destruicts par les insolences, maux et tirannies de leurs princes. A ceste cause Dieu, notre créateur, pour plus tirer son peuple d'Israel et le divertir par vehemente commination de son péché et désobéissance menaçoit de lui donner prince imprudent, voluptueux, cruel et tyran dont par sa divine clémence sommes exemps tous et pourveus de prince auquel toutes vertus abondent que dilagray (4) particulièrement déclarer pour estre chose cogneue et notoire en toute chrestienté de laquelle est choisy vray moderateur et monarque. Il a dez son bas age a l'imitation du sage Salomon choisy sur toutes choses a luy agréables l'ornement de prudence bien cognoissant que entre toutes vertuz nécessaires à la moderation et conduicte de la sublimité a lui deuement, telle vertu est estimée la plus requise par l'addresse et moyen d'icelle, sa magesté a tellement pourveu et donné sy bon ordre que (Dieu grace) ce pays est demeuré en quiétude et repos, nonobstant toutes fluctuations, motions de guerre et perilz eminentz, ayant regné es pays circonvoisins sans oublier ni omettre chose qu'il a peu penser servir a cest effect.

Sa magesté nous a tousiours donné commandement et ordonnance garder et observer la ligue hereditaire pieca accordée et conclute pour les maisons de Bourgoigne et d'Austriche avec messieurs des ligues, et que ayons à recourir a eux comme à noz bons prochains voisins et alliés en toutes choses concernant la deffense de ce pays.

Et de sa part n'a iamais obmis de leur escrire bonnes et cordialles lettres et impartir plusieurs honnestes gratifications pour tousiours les entretenir en leur accoustumée bonne volonté, respectant singulièrement ce pays; et à cest effect leur a tousiours compleu en toutes choses par eux désirées sans y épargner la despense a quoy monsieur de Granvelle s'est monstré vigilent comme il est en tous aultres affaires concernant la quiétude de ced. pays comme bien le tesmoingnent les despesches *naguères envoyées* au seigneur de Marnoz servans finalement a de plus esmouvoir lesd. sieurs des ligues estre perseverans a l'observance d'icelle ligue héréditaire et cordialle amitié qu'ilz ont à nous.

Vous savez messieurs que sa magesté a tousiours affectueusement désiré la préservation de ce pays et nous a donné pouvoir et auctorité procurer par la main et bone addresse desdits sieurs la seurté d'iceluy durant la guerre ou autrement et selon que l'on trouveroit convenir au bien de l'affaire [ce] qu'il n'a jamais voulu permettre a aucuns de ses aultres pays, avec ordonnance a monsieur le mareschal faire fournir tous frais a ceste fin nécessaires sur les plus clairs deniers de son domaine en ced. pays, oultre deniers du don gratuit que luy furent accordez sont environ quatre ans.

Voire en considération finalement de ce pays, S. M. a des longtemps entretenu devers lesd. sieurs des ligues le sieur de Marnol bien sachant qu'il feroit devoir comme à la vérité il a faict en toutes choses duisantes au bien et salut de ce pays.

Semblablement a commandé à son trésorier de Dole fournir au payement chascun an et au terme préfix la gratieuse souvenance deue ausd. sieurs des ligues pour et à raison de la ligue héréditaire.

Et iaçoit (messieurs) que S. M. eut peu prendre moyen donner plus d'ennuicts à ses ennemis leur faisant guerre de led. pays que d'aillieurs.

Neantmoins pour le fervent desir qu'il a tousiours le conserver en son entier n'a iamais voulu permettre que du costé de ça lon aye faist acte d'invasion, invahissement ou hostilité contre lesd. ennemis, et tout pour donner à cognoistre ausd. sieurs des ligues qu'il vouloit ses subiects d'icy bien vivre et voisiner avec tous leurs voisins pour plus grande observance de la ligue héréditaire.

Vray est que quand sa magesté fut advertie par le sieur d'Arestey que monsieur le mareschal et autres bons personnages envoyerent devers luy a diligence que l'armée de ses ennemis debvoit entrer en ce pays après la retraicte de Provence selon que le bruit en estoit S. M. pourveut promptement que le comte Frédéric de Furstemberg et autres bons capitaines furent despechez, avec huit ou dix mil lansquenets assemblez et payez pour incontinent entrer en ce pays à la deffension d'icelluy demonstrant par effect qu'il ne veult ny entend nous laisser sans force et bon secours la nécessité le requerant.

Plus fait donner ordre que le roy son frere envoyroit du costé de Ferrette grand nombre de gens tant à pied que a cheval et artilleries, lesquelz avec les gens dud. comte Frederic estoient prest d'entrer en ce dict pays.

Mais Dieu, protecteur d'Icelluy dressa les affaires de grace que au mesme instant mond. seigneur le mareschal eut nouvelles que par l'addresse et bon moyen desd. sieurs des ligues nous fut accordée abstinence de guerre, ayant duré jusqu'au présent. A ceste cause, et pour non mettre S. M. en plus grand frais ny le pays en peine et travail que gens de guerre sont coustumiers donner aux pays ou ilz passent, monsieur le mareschal fait a diligence contremander le secours ordonné par sad. magesté.

Depuis sa magesté prévoyant les dangers ou le pays se pouvoit retrouver, et qu'elle estoit loingtaine pour prestement y pourvoir a faict dresser expédient en la Germanie tel que monsieur le comte d'Ortembour a charge et commandement de S. M. payer et envoyer bon nombre d'iceux lansquenets, a quantes fois sera besoing et qu'il aura sur ce advertissement de mond. sieur le mareschal.

Au semblable, le roy son frère a pourveu que ses subjectz de Ferrette ne faudront donner assistance en cas de nécessité tant de gens que d'artillerie quand besoing sera et requis en seront.

Que sont considerations assez tesmoignantes la souvenance de grande affection que S. M. a conserver a ses loyaulx subjets de par deça et les entretenir en repos et tranquillité soubz la conduite de sa justice et bons personnages quil a deputé à la bonne adresse de tous affaires succédans, dont ne devons demeurer ingrats ains du tout enclins et affectionnez rendre debvoir que tous bons subjects doibvent en tel cas rendre a leur prince et souverain seigneur, et a ce demeurons selon tous droicts obligez et tenuz.

Et davantage plus quand les affaires de sad magesté se retreuvent à ce disposez comme au present pour les non croyables frais qu'il a supporté depuis quatre ans en ca rendant obligez tous ses subjects luy faire et donner toute assistance possible.

Or est il a chascun notoire que tost après l'invincible expédition dressée contre le Turq principal ennemy de la chrétienté au quartier d'hongrie, et par laquelle fut tellement terré (4) que contreinte le meut soy honteusement retirer, S. M. dressa nouveau exercite pour l'emprise de Tune desirant poursuyvre son adversaire et l'adomager tant par mer que terre, que depuis sa magesté exécuta comme il est à chascun cogneu.

Et pensant trouver à son retour la chrestienté en paix que par avant il avoit accordée, et que dicelle il avoit rebouté Barberousse turbateur de tous chrétiens et vivre en fraternité et amitié avec tous les voisins, fut à son grand regret provoqué et meu adresser nouvelles et puissantes armées non seullement au quartier de Piedmond, mais aussy en ses pays de Flandres comme aussy a faict lesté passé que n'a esté sans inestimable despense.

De laquelle pour l'advenir ne se peult excuser car combien qu'il soit apparent d'une bonne paix et durable d'entre luy et le roy de France et que Dieu dressera les cœurs d'eux et de leurs ministres prendre pitié du pauvre peuple chrestien, néanmoins sa magesté demeure en volonté obvier à la descente dud. Turc qui desia furieusement enchemine contre les chrestiens, et ses adhérans employer toutes ses forces pour a layde du créateur recouvrer l'empire oriental et terre saincte par luy piéça occupée à l'opprobre et très-grande iacture (5) de touste chrestienté.

A ceste cause faict promptement levée de cinquante a soixante mil pietons tant en Germanie qu'en Italye avec les sainctelé du pape, seigneurie de Venise et autres potentats d'Italye faict armée de plus de deux cent galeres et autant d'autres manières, suivant les concordats de la sainte ligue et alliance puis nagueres dressée entre eux.

Dieu est le monde cognaissent le soing et dilligente sollicitude que S. M. prent reduire a lumière chrestienté, tous errans et desvoyez d'icelle, et les poursuites par luy faites de pieça, et qu'il faict chascun jour pour parvenir a l'assemblée d'un saint concile comme chose requise (6), et sans laquelle n'est apparent y scavoir donner ordre considéré la multitude et puissance des princes, pays, villes et citez desvoyez des commandemens et sacrements de l'eglise que sont negociations non guidables sans excessive despence, a laquelle volontairement et par fervente affection contribuent ses subjects, et luy donnent à cognoistre que de bon cœur luy veuillent impartir charitable subside.

Mais sa magesté qui bien cognoit ce pays esloingné de ses pays, royaumes et ditions (7) ne le voudroit aucunement affoiblir de chose y estant cognoissant le service qu'il en peut recevoir et de tous y habitants singulièrement de la noblesse par luy expérimentée et cogneue, ne veult vous requérir en la despens avant dite.

Vraye est que sa magesté desire que vous considérez quil ne veult delaisser ce pays despourveu de choses servantes à la diffension d'yceluy et que les charges dont il pourroit estre ailliers enveloppé le pourroient empescher fournir entièrement aux choses requises le danger advenant que Dieu ne veuille.

Quest la cause ayant meu S. M. vous faire présentement assembler et pour vous faire déclairer ce que dessus. Aussy vous faire requérir par monsieur le mareschal le seigneur de St-Mauris son conseillier, et je, luy vouloir accorder en don gratuit pour survenir a la deffension, bien et utilité de ce pays, la somme de cent mille francs, qu'il n'entend en facon quelconque tirer dehors, ains laisser le tout à la preservation dud pays comme entendrez plus au long par led sieur de Saint-Mauris voire sy la nécessité survient, vous faire scavoir qu'il ne deffaudra y employer plus oultre sans espargner ses forces ny choses despendantes de son pouvoir pour la tres grande amour qu'il vous porte.

Messieurs, S. M. a bien de tous vous telle et tant assurée confidence (*), que scaurez considérer l'affection et singulière volonté qu'il a vous entretenir en paix justice et police la despense qu'il a faite et encore luy convient supporter à l'occasion que dessus, qu'il a fait appliquer la pluspart des quatre vingt mil francs que lui accordates l'an courant 1534 (8) a esté employée pour les affaires de ce pays tant à la poursuite de l'abstinence de la guerre, payement des gens de pied tenuz a diverses fois pour la garde des villes munitions d'icelles et tous aultres affaires survenuz que (Dieu grace) le pays souffisamment abondant par le bon traictement quavez eu de S. M. vous ayant tousiours tenu en paix et iustice, et en tel ordre, que par honnesteté ne luy voudriez refuser chose tant raisonnable que luy sera accroissance de tesmoignages de la sincère et fervente deuvotion qu'avez tousiours eu a S. M. dont de sa part vous requerons affectueusement.

Et après le treselegant propos cy dessus faict par led sieur président a este dict et propose par led sieur de St-Mauris, aussy ce que sensuit, Messieurs, le propoz que présentement vous a esté recité par monsieur le président vous peult être suffisant et irrefragable tesmoignage des considérations ayans meu sa magesté de ce jourd'hui vous faire assembler de sa part, et ont esté toutes choses pertinemment et exactement arraisonnées

(*) Pour confiance.

qu'il me seroit difficile dy pouvoir adionster ou diminuer chose quelconque, comme aussy a la verité m'appereoy n'estre aucunement necessaire bien confiant que vous (messieurs) par vos grandes discretions peserez entièrement ce que vous verrez convenir au bon estat de cette négociation.

Vray est (messieurs) que moy estant en court de S. M. apres que par advis de son conseil elle eut résolu de convoquer ses estats en ce pays, il pleut à sad majesté charger de vous expressement certiffier le tresgrand contentement qu'elle a du debvoir ou du passé vous vous estes mis et cuertuez pour la deffence et protection de ce pays, signamment ceux de la noblesse quand il a esté question de comparoir aux monstres d'armes, aussy les estats de l'église et des villes et tout le remenant (9) de *ce pays, qui de* vous mesmes estes imposez de *vos pures* et liberales volontez et sanz autre precedent mandement de sad. majesté qui la rend tant plus affectionée envers vous messieurs et tout le pays de tenir le soing tout et tel qu'elle pourra au bien et repoz de ce pays, singulierement pour vous contenir hors de toutes guerres, qu'est chose a quoy sad. majesté veult continuer.

Aussy pour faire exercer et administrer bonne et breve justice en ce pays pour l'observance de bonne police en iceluy, et finablement pour survenir, secourir, ayder et assister en tous cas de besoing, selon que par voz grands vertuz et prudhommies vous le meritéz. Et pourtant le vous certiffie sad majesté entend veult et consent que le don gratuit que vous luy accorderez doyve demeurer en ce pays pour la nécessité d'iceluy, et en cas de plus grand besoing, ce luy sera chose aggreable, voires commander que ainsy se face que lon doige prendre son propre patrimoine, et le convertir entièrement à la seurté et deffence dud pays.

Messieurs, je reprendray particulièrement le contentement que sad magesté prent que de nous mesmes nous nous soyons imposez que nous doit a mon iujement mouvoir de luy accorder ce quelle demande, car sy de nous mesmes lavons faict, par plus forte et vehemente raison en estant requis par nostre prince souverain le debvons plainement octroyer, et tant plus prenons considerations sur la gratuité dont sad. magesté nous respecte si liberalement.

Car combien qu'il soit en sa main d'appliquer a son particulier et privé prouffit le don gratuit et en disposer comme du sien propre toutesfois elle permect que les deniers soient convertis pour nostre incolumité (10) tellement que l'on peut probablement inférer que le don se fera a nous mesmes finalement et accessoirement à sad. magesté puisqu'il s'agit de nostre salut, nous debvons beaucoup penser et non econduire ceste requeste iuste et raisonnable mesmes pour non desmouvoir (11) sad. magesté de la bonne affection qu'elle nous porte, ains par tous moyens debvons tacher et tenir main a ce qu'elle nous respecte avec telle inclination que du passé, que pourra estre luy accordant ce qu'elle nous demande comme ie confie vous (messieurs) le ferez, et est en tel espoir sad magesté.

Davantage (messieurs) il a esté de longtemps mis en terme que ceux qui du passé ont eu l'administration des deniers du pays deussent rendre entierement compte de leur villication (12) et desia sad. magesté en feit de sa part tenir propoz aux derniers estats comme chose grandement importante au bien et evident prouffit de ce pays, et pour estre chose de cette qualité elle ma enchargé vous requerir tres expressement de sa part que a ce coup veuillez commettre et deputer personnages preudhommes et experimentez et suffisans en faict de compte pour assister à l'audition et closion desd comptes, et avec eux un syndic ou procureur qui au nom desd estats fasse diligente poursuite pour contraindre ceux qu'il appertiendra recevant d'eux le serment de y fidèlement vacquer et entendre et auctoriser sad magesté toute poursuite en tant qu'il sera de besoing.

Autrement si telle reddition demeure comme du passé dilayée et les choses requises, sad majesté faisant office de bon prince ayant esgard tant de suasion admonestemens que sur ce sont desia est éfaicts de sa part, aussy (*) que plusieurs du pays et plus gros d'iceluy sen pleignent et ressentent ne pourra, comme par raison elle ne peult de-

(*) Il y a dans la copie des Recès, *aussy*, mais nous croyons qu'il faut *ainsy*.

laisser dy pourveoir selon justice et equité et n'entend par ceste presente poursuite vouloir aucunement prejudicier a la liberté du pays, ou aussy en applicquer un seul denier a son prouffit, mais veult le tout estre pour le bien du pays et entend que absolument ceste reddition se fasse, me ayant bien particulièrement enchargé ladvertir par qui restera, et dont la faulte procedera.

Davantage, messieurs, je pense que la compagnie pourra estre souvenante que comme de pieça par advis de messieurs des estats furent dressées et couceus nouvelles ordonnances par l'abbreviation et (a) complïcement de justice en ce pays en intention quelles seroient publiées et promulguées. A quoy aucuns seigneurs ont tousiours du passé tenu la main envers S. M. Toutesfois pour ce que aucuns de la noblesse se sont ressentus d'icelle publication prenant fondement que les seigneurs qui avoient esté presents a la compilation desdites ordonnances estoient pour la pluspart décédez sad magesté desirant de tant plus vous faire entendre comme avec vive satisfaction et contentement, elle veult les affaires publiques de ce pays estre addressées, ma chargé (de) vous dire quelle consent et veult que vous choisissez neufs personnages et au dessoubs pour avec les sieurs president Betoncourt et aucuns conseilliers que la court deputera de rechief, voir lesd. ordonnances, pour ioinctement déliberer sy en icelle y aura chose meritant esclarcissement, correction ou ampliation, pour pourueoir comme il convient, et du tout advertir sad magesté, sans plus avant attendre et persister sur ce que ia auparavant sest resolu esd. ordonnances, et entend sad magesté que lon doibge proceder à lad. revision incontinent ces estats tenuz, et en cas que lesd commis retreuvent difficulté par ensemble sad. magesté veult estre du tout advertie pour y pourueoir selon l'exigence des affaires.

Et apres la proposition faicte par lesd. sieurs president et de Saint Mauris commis que dessus, par led. sieur de Commenailles, Bailly de Dole, furent présentées lectres de Monseigneur, monseigneur le comte de Nassau a mesd. sieurs des estats ainsy assemblez, querant d'icelles estre faite lecture à haulte voix par le greffier desd. estats, ce que fut faict après laquelle lecture, le dit sieur de Commenailles fut admis par messieurs des estats a tenir le lieu et place de mond. sieur le prince d'Oranges, comme sieur et chef de lad. maison de Chalon, Et ce faict iceluy seigneur de Commenailles dict et proposa ce que sensuit.

Messieurs par les lettres que mond. seigneur de Nassau vous escript, pouvez cognoistre le desir qu'il a eu que monseigneur le prince son filz se eut peult trouver avec vous, messieurs pour rendre son debvoir et tesmoigner sa bonne affection et celle de mond. sieur son pere a S. M. et au pays. Et m'a escript mond. sieur et ordonné supplier (*) l'absence de mond. seigneur le prince

(*) Pour suppléer.

et avec vous (messieurs) m'employer de sa part en toutes choses qu'il vous semblera convenir, pour le service de sad. magesté, bien et utilité dud. pays, et cognois par les letres de mond. sieur qu'il a bien sceu les causes que meuvent sad. magesté requérir ses feaulx et subgects de ced. pays luy accorder un don gratuit et semble à mond. sieur que l'intention de sad. magesté est sy raisonnable et à ce en quoy elle l'entend employer tant louable comme au bien et prouffit dud. pays que chascun se doibt incliner à complaire à sad. magesté sy avant que les subjects le pourront comporter.

Et ce faict, pour ce que iceux sieurs commis de part sa magesté voulsirent eux trouver en lad. assemblée avec l'estat de messieurs les nobles, fut advisé que l'on leur remonstreroit qu'ilz ny debvoient assister pour le moins a opiner sur le don gratuit, mais que comme feaulx de sa magesté et ayans grands biens en seigneuries au pays, ilz pourroient bien assister et opiner es autres affaires, pour lesquelz lesd. estats estoient assemblez.

Et a ceste fin fut envoyé de la part de mesd. sieurs les nobles, le sieur de Bouclans devers lesd. sieurs mareschal et président, lequel sieur de Bouclans leur déclara ce que dessus, auquel iceulx sieurs mareschal et président respondirent, que de toute ancienneté les commis et deputez de sad. magesté et messieurs ses prédécesseurs comte de Bourgoigne manans et residents aud. comté s'estoient trouvez avec autres nobles pour aviser, opiner et conclure sur la responce du faict principal qu'estoit touchant la requisition faite ausd. des estats des dons gratuits, pour iceux exécuter (*) les affaires du pays le requerans accorder ou modérer selon l'exigence desd. affaires qui est chose fort raisonnable, considéré qu'iceulx sieurs mareschal et president et leurs predecesseurs esd. estats, et que du passé ont eu semblable commission, ont terres et seigneuries aud. comté, et à raison d'icelles sont appelez par letres particulières comme autres sieurs et nobles du pays, et que pour le soulagement de leurs subiectz, manans et habitants en icelles seigneuries contribuables esd. dons gratuits estoit bien consonant a raison qu'iceux sieurs entreviensssent pour avec les autres messieurs les nobles du pays de battre toutes choses servantes au soulagement desd. subiects priant led. sieur de Bouclans en faire rapport a mesd. sieurs les nobles pour non alterer la façon accoustumée dont led. estat de noblesse ne se pouvoit ressentir attendu le devoir et naturelle obligation qu'iceux sieurs mareschal et president ont aud. pays et au soulagement de tous habitants en iceluy, et non vouloir faire innovation a eux n'y a aultres qu'il plaiera à sa magesté commettre cy après en tel cas, dont ils requièrent acte leur estre decerné par moy Jean Barnard secretaire de sad. magesté et greffier desd. estats.

Nonobstant lesquelles remontrances rapportées par led. sieur de Bouclans en l'estat de lad. no-

(*) Il y a au texte excuser.

blesse, et après la communication en faite avec messieurs de l'église et des villes, retournèrent devers messieurs les mareschal et president messire Joachim de Rye, chevalier, sieur dud. lieu, Raon etc. et Jean de Poupet aussy chevalier sieur de la Chaux, lesquelz declarerent a iceux sieurs mareschal et president que la conclusion desd. estats estoit qu'ilz ne se debvoient trouver esdicts estats pour opiner sur led. don gratuit, les prians non plus y persister, les advertissans que en tous autres affaires concernant le bien, prouffit et utilité du pays mesd. sieurs des estats desiroient et les prioient eux y treuver comme vassaulx et subiects de sad. magesté, et ayans plusieurs seigneuries et subiects aud. comté lesquelz sieurs mareschal et president après avoir conféré entre eux et pour non empescher, differer ou retarder l'affaire general concernant sad. magesté feirent response qu'ilz n'entendoient persister plus avant en ce que dessus, et neantmoings se treuveroient en l'estat de messieurs les nobles auquel ils estoient appellez quand par med. sieurs de la noblesse requis en seront pour entendre au surplus aux (*) affaires concernant le bien du pays, le tout sans préjudice de ceux que cy apres seront commis de part sad. magesté et messieurs ses successeurs comtes de Bourgoigne, et que autrement par sad. magesté soit ordonné (13).

Et après ce, le mesme iour messieurs des villes

(*) Il faudrait au surplus des affaires.

assemblez a part vindrent faire remontrance à messieurs des eglises et des nobles, aussy assemblez chascun à part, que plusieurs des officiers de S. M. estoient en leur assemblée et en grand nombre et plus grand que ceux desd. villages, et que en leurs présences ils ne pourroient librement opiner sur les affaires de lad. assemblée. Requérans que lesd. sieurs officiers fussent tenuz eux retirer devers eux. A quoy de la part desd. officiers fut dict qu'ilz avoient esté mandez par S. M. eux treuver aussy esd. estats ce que de toute ancienneté ilz avoient tousiours accoustumé estre en l'assemblée desd. villes, par quoy ne se debvoient retirer joinct que par le passé pour le devoir de leurs offices ils s'estoient acquitez au bien du pays, de sorte que l'estat des villes s'en estoit bien trouvé.

Sur ce par mesd. sieurs des églises et nobles fut advisé (que lesd.) sieurs officiers apporteroient leurs lettres pour cognoistre en quelle qualité ilz avoient esté mandez par S. M. esd. estats ce quilz feirent lesquelles veues, pour ce que par les lettres des sieurs de Betoncourt et de Ceres (*) fut conclu qu'ilz pourroient venir à l'assemblée de mesdits sieurs les nobles.

Et quant aux lettres addressans (**) aux avocats et procureur général en la cour de Parlement en semblable fut dict, veues lesd. lettres qu'ils pour-

(*) Apparoissoit par la superscription d'icelles qui contenoient a noz àrmés feaux les sieurs de Betoncourt et de Cere.
Cette phrase est ajoutée à la marge du manuscrit.
(**) Pour adressées.

roient venir en lad. assemblée de mesd. sieurs les nobles, mais qu'ils n'auroient qu'une voix pour autant qu'ilz n'ont qu'une lettre de S. M.

Quant es officiers de sad. magesté es bailliages d'amont, d'aval et de Dole, qu'est en chascun balliage, lieutenant advocat et procureur, a esté advisé qu'ilz pourront assister en l'estat de mesd. sieurs des villes, mais pour ce que mesd. sieurs officiers n'ont en chascun balliage qu'une lettre particulière de sad. magesté, en semblable a esté conclud qu'ilz n'auront eu chascun bailliage qu'une voix seulle en opinant laquelle conclusion et délibération fut notiffiée a mesd. sieurs de Tromarey et Vellefaux lesquelz officiers ont respondu qu'ils estoient contens a ce obéir pour ceste fois, sans préjudice de au temps advenir eux pouvoir pourveoir devers S. M. pour avoir declaration de son bon vouloir.

Et le ieudi suyuant second iour de may aud. an 1538 mesd. sieurs des estats assemblez comme dessus, après plusieurs opinions et consultations l'un des estats avec l'autre ont accordé a sa magesté en don gratuit la somme de cinquante mil frans à les prendre et recouvrer sur tous exemps et non exemps, privilégiez et non privilégiez, et sans préjudice de leurs priviléges et exemption, et à la condition que messieurs les commis de S. M. l'ont requis et déclaré cy-devant à payer lad. somme deans le jour de S. Martin prochain en un an, et sy la nécessité le requeroit, le terme se pourroit anticiper. Et sur ce que sa magesté a faict dire a mesd. sieurs des estats par led. sieur de Sainct-Mauris sur le faict de la rueue des ordonnances nouvelles, dont plusieurs propoz ont esté tenuz aud. estat de messieurs les nobles, et mesmes que sad. magesté entendoit seullement quelles fussent veues par personnages deputez desd. estats iusques au nombre declaré par led. sieur de Sainct-Mauris, pour après faire scavoir à S. M. les difficultez que en ce se pourroient trouver, et entre autres led. sieur de Rye a déclairé qu'il n'estoit d'advis que l'on veit (*) aucunement lesd. ordonnances et qu'il entendroit (**) volontiers la cause que mouvoit led. sieur président procurer la veue desd. ordonnances, et pouvoit doubter iceluy s‍ʳ de Rye qu'il ny eut aucune chose a luy préiudiciable au procès qu'il a contre iceluy s‍ʳ président lequel s‍ʳ président a déclairé qu'il estoit meu estre d'advis qu'ycelles ordonnances fussent veues pour rendre le devoir d'obeissance que luy et tous autres subiects doibvent à sa magesté comme leur prince souverain, de laquelle il a esté institué president et chef de sa iustice en ce pays, laquelle iustice se peut grandement abreger par icelles ordonnances et lesd. subietz relevez de frais foulles et despens, dont iournellement se font doleances, que se pourroient interpreter au preincipe de lui et d'autres administrateurs de justice par ceux qui se rendent enclins iournellement a murmurer contre eux, aussy que dicelles ordonnances a eu

(*) **Pour révisat.**
(**) **Pour comprenoit.**

charge à laquelle ne voudroit estre négligent, n'y donner occasion a personne estre acculpé de négligence, singulièrement en choses concernantes le bien publique, et pour faire cesser le scrupule que led. sieur de Rye prenoit sur iceluy sieur president a déclairé expressément en présence de la compagnie qu'il renonçoit à toutes choses contenues en icelles ordonnances quant à ce que touche et concerne, peut toucher et concerner led. procès. Sur quoy a esté resolu entre led. estat des nobles par la plus grande et saine partie d'iceux que pour obéir a sad. magesté l'on debvoit deputer bons personnages pour icelles ordonnances veoir, et après faire remontrances à sad. magesté de ce que l'on treuveroit convenir au bien et utilité du pays, abbreviation de justice et soulagement des subiects, et neantmoings, pour ce que par les estats de med. sieurs des eglises et des villes a esté resolu que lad. veue fut différée.

A esté conclut que pour le présent, attendu l'indisposition du temps, l'on debvoit supplier sad. magesté vouloir differer lad. reueue jusques à autre temps, et que cependant luy plaise ordonner les anciennes ordonnances estre gardées et observeez.

Et quant à la reddition des comptes des deputez precedens a esté conclud que de chascun estat seroient deputez trois personnages en chasqu'un bailliage pour ouir et clorre lesd. comptes des precedens dons gratuits, et que lesd. deputez precedens seroient tenuz rendre leurs comptes par devant lesd. commis, affin de garder les reliqua pour fournir aux affaires.

Et au regard des deputez pour le présent don et ouctroy a esté advisé que par le passé, les plus grands personnages dud. pays ont pris charge d'estre deputez, que l'on a trouvé a trop grand frais, et que par la crainte d'eux lesd. comptes n'ont esté poursuyuis ny rendus, aussy qu'il conviendroit (*) commis à l'audition d'iceux, personnages de semblable qualité (**), à la foulle du pays, car petits personnages ne voudroient prendre la charge ny mescontenter les grands.

A esté conclu et deliberé que les deputez a egaler et faire recevoir led. don gratuit presentement accordé a S. M. et autres que pourront cy-apres estre accordez par les estats du pays seront de facile convention, et chascun deputé n'aura que six vingt francs de gaiges, et cinquante soulx tournois pour leurs despens de chascun iour qu'ilz vaqueront pour les affaires nécessaires de leur charge et deputation.

Et quant aux receveurs en chascun balliage, ils auront cent francs de gaiges pour chascun imposé avec deux blancs pour chascune quictance et moings qui pourra.

Et a esté conclu que a l'audition des comptes desd. deputez ne leur seront n'y ausd. recepveurs passez autres gaiges que ceux que dessus.

(*) Pour mieux saisir le sens, lisez *commettre*.
(**) Il faut ajouter, pour l'intelligence de ce passage obscur, les mots *le contraire estant*, qui manquent au texte du manuscrit.

Et après ceste conclusion messieurs de l'estat des églises ont comparu en l'assemblée de mesd. sieurs les nobles et ont déclairé qu'ilz estoient contens et se offroient que leurs deputez et recepueurs pour led. don gratuit seruiraient à leurs depens sans aucun gaiges, pourveu toutes fois que les autres deputez a ce, recepueurs de messieurs les nobles et des villes faisans le semblable, et de cest offre messieurs de l'église ont [re] quis avoir attestation.

Sur quoy a esté conclud par les autres sieurs des deux estats en considération que toutes peines doibvent recevoir salaire, et que les commis et deputez de l'estat de noblesse des villes n'ont des rentes et biens comme ceux desd. eglises, que iceux deputez prendront les gaiges telz que dessus, de laissans a mesd. sieurs de l'église leur bon vouloir pour faire charité pour le soulagement du pauvre peuple.

A esté aussy conclu que l'on ne pourra excéder de iecter pour fournir aux récompenses de ceux qui ont faict seruice au pays sinon jusques à la somme de dix mil francs et non plus.

Semblablement que de chascun estat seroient deputez trois bons personnages, pour avec messieurs les commis de S. M. et ceux qui seront deputez pour le don gratuit ordonner sur les récompenses a ceux qui ont vacqué pour le bien du pays et faict seruice à iceluy.

Et de la part dud. estat de messieurs des églises a esté déclairé qu'ilz ne vouloient commettre autre que leurs deputez pour led. don gratuit pous euiter frais superflus.

Quant à la reueue et cherche des feugs a esté conclu que pour le présent l'on ne la pourroit faire, mais dès maintenant a esté accordé qu'elle sé fera, et que es prochains estats l'on ne procédera n'y accordera aucune chose que préalablement lad. cherche ne soit faite, et ce pendant l'on suppliera S. M. ouctroyer ses lettres patentes pour le faire.

Et neantmoins des maintenant les deputez du baillage d'amont recompenseront ceux du baillage d'aval et de Dole de la somme qu'ilz ont accoustumé du passé, Et aussy touchant la terre de Luxeul qu'est de présent ioncte aud. bailliage d'Amont, selon que entre eux sera advisé.

Et sur ce que de la part desd. estats a esté faite doleance. Touchant le scel des contraux qui se passent en ce comté de Bourgoigne desquelz on faict payer excessive somme, a esté advisé que l'on suppliera S. M. vouloir ordonner que l'on ne paye aucun scel des obligations, admodiations et autres contraux, sy tant est que les parties ne requièrent ledit scel estre apposé esd. contraux.

Et sur la remonstrance faite par messieurs les nobles disans qu'ilz ne doibuent estre imposez pour les dons gratuits es villes et villages ou ilz ont leurs biens tant féodaux qu'autres de franc alleu attendus qu'ils sont chargés de supporter leurs fiedz (14), et de comparoir au ban et arrière-ban, au moyen de quoy ils supportent de innombrables frais pour eux armer, monter équiper pour aller au service de S. M.

A esté advisé que l'on suppliera sur ce sad. magesté pour y parvenir au bien et soulagement de mesd. sieurs les nobles, selon par la manières des requestes présentées ausd. estats de la part des sieurs de Brancion et de Rambel et que les instructions sur ce faites par l'estat de la noblesse le peullent (peuvent) contenir (*).

Et le vendredy tiers jour dud. mois de may l'an que dessus en la salle du collége de Mortau de la part dud. sieurs de Commenailles bailly de Dole comme commis de mond. sieur le prince d'Oranges furent dites et proposées plusieurs paroles à moy greffier desd. estats baillées par escript par led. sieur Bailly selon que sensuit, sans y adiouster ny diminuer.

Le vendredy tier iour du mois de may en la saile de Mortau ou estoient assemblez les estats de la noblesse entre Jean Faulquier sieur de Commenailles commis et admis par Messieurs des trois estats a tenir lieu et place de monsieur le prince d'Oranges comme sieur et chef de la maison de Chalon lequel avant autres propositions, dict audessus d. estats telz mots ou semblables.

Messieurs, monsieur de Nassau estant aduerty que sad. magesté avoit ordonné faire assembler ses estats en ce lieu le lundy apres quasymodo, ma escript, commis et ordonné à tenir la place et lieu de monsieur le prince son filz comme sieur et chef de la maison de Chalon qu'est telle en ce pays que chascun scait, et a cest effect a escript

(*) Probablement pour convenir.

lectres a messieurs des estats, et à d'autres sieurs en particulier, et suis esté admis par lesd. estats a suppléer l'absence de mond. sieur le prince, en quoy me suis acquitté loyallement et justement tendant principalement a deux fins l'une a procurer avec vous (messieurs) que au faict du don gratuit, et autres choses par sa magesté requises, chascun se deut incliner pour complaire a sad. magesté.

L'autre pour procurer le soulagement du pauvre peuple le plus que soit possible, et à c'est effect avec vous, messieurs, ma semblé avoir esté rendu loyal debvoir tant à la diminution des frais des deputez, recepveurs que aultres frais superflus faits par le passé, toutesfois (messieurs) vous avez veu et entendu comme en vos présences, et comme commis que dessus, je suis esté agassé reiterées fois, et mesme hier au soir par monsieur de Genève, lequel en voz présence me dict en cette saule publiquement que ie ne debuois estre au lieu et place que j'estois, et que j'estois une beste, et me debvois ouster de la, auquel sieur de Genève ie respondis que ce lieu et place m'avoit esté admis (*), et ie y pensoy avoir faict et entendois faire mon debuoir et que ie n'avoy procuré (demandé) lad. place, et croit bien que en icelle entreroit personnages que mieux la peult exercer et que mond. sieur le prince se y pourroit trouver quelque iour, ou il y pourroit commettre quelque autre, neantmoins comme iay ia dict, y pensois avoir faict mon

(*) Pour remis.

debuoir, et me y estre acquité leallement, et puisque a en ma personne mond. sieur le prince avoit esté ainsy ouctragé et injurié en vos présences, n'entendois souffrir telles iniures, n'y aussy plus longuement assister, consideré aussy que l'on avoit bien peu de respect a mond. sieur le prince, attendu que de sa part avec grand nombre de gentils hommes dont plus de cinquante avoient soubsigné une requeste estant es mains de monsieur de Corlaou cy-present, requerans tous que pour bonnes considerations la reueue des feugs se feit, neantmoins n'en avoit rien peult obtenir, pourquoy j'entendoy me retirer a mon logis, et que mond. sieur le prince n'estoit de sy petite qualité que telle requisition tant juste luy deut estre refusée, comme chose desia promise et accordée dois les derniers estats, voires le vouloir et intention de S. M. estoit tel, et sur ce print congé de la compagnie priant icelle avoir souvenance de toutes choses.

Sur quoy monsieur de Saint-Mauris, l'un des commis par S. M. et plusieurs autres se levèrent et me fut dict par led. sieur de Saint-Moris que sy ie me retirois, les affaires de sad. magesté en pourroient estre retardez et pourroient lesd. estats demeurer sans conclusion faisant des protestations contre moy, et que du tout advertiroit sad. magesté demandant au secrétaire des estats instrument, messieurs les mareschal et president feirent le semblable. Alors monsieur de Rye me dict que ce que monsieur de Genève m'avoit dict, il le maintiendroit, et qu'il n'avoit point parlé à moy en qualité de commis de monsieur le prince, ains parloit à moy comme Faulquier, et que monsieur de Genève estoit humble serviteur de monseigneur le prince bien prest à luy faire service, comme aussy il estoit, et que autrefois avoit en alliance de sa maison à la maison de Chalon. Et que pour ce que j'avois dict que la place meritoit bien personnage qui sçauroit mieux exercer la charge que moy, qu'il le croyoit puisque ie le disois, a quoy luy respondis que quand il parleroit a moy en qualité de Faulquier, luy respondrois comme il appertiendroit.

En oyant lesquelles parolles, plusieurs autres se levèrent, me requerans me rasseoir, lors respondis que desirois en communicquer avec aucuns des vassaulx et serviteurs de mond. sieur le prince, illec estant en bon nombre, a quoy led. sieur de Rye respondit qu'il sembloit que ce fut une momeur (15) et pour faire un monopole ou un mutinement. Auquel feis responce que n'estoit homme pour faire monopole ou mutinement, et que ne voulois (*) eslongner la place, mais que c'estoit pour scavoir sy ie me debvois rasseoir, et sy mond. sieur le prince avoit esté iniurié a ma personne, quelle reparation il afferoit, et sur ce de rechef fut requis par messieurs les mareschal, président et Saint-Mauris, commis de sa magesté et autres des plus apparens illec estant retourner en ma place, a quoy ie respondis, afin que à moy ne fut imputé

(*) **Pour m'esloigner de.**

le retardement des affaires de sad. magesté que retournerois en ma place, sauf la reparation a mond. sieur le prince de ses iniures dont ie protesta et demanda acte et instrument au secrétaire des estats.

Ausquelles parolles ainssy baillées par escript par led. sieur bailly de Dole [ci] dessus insérées de mot à mot led. sieur de Rye a respondu ce que s'ensuit, aussy à moy secrétaire et greffier desd. estats baillé par escript par iceluy sieur de Rie selon que s'ensuit.

Sur aucuns propoz que monsieur de Commenailles tient aux estats ie luy respondis en conclusion que monsieur de Genève mon oncle se tenoit et refutoit humble serviteur de monsieur le prince et de M. de Nassau, son père, et que de tout son pouvoir il leur voudroit faire service très-humble, et qu'il n'entendoit avoir dict, chose aud. de Commenailles que toucha ne diminua en rien leur autorités, et que s'il avoit dict aucune chose dont il eut regret, cela s'addressoit a luy et non a autre, et en signe de vérité j'ai signé ceste à Dole le 24 iour de may, ainsy signé, Joachim de Rye. Et après lesquelles parolles ainsi dites et baillées par escript par lesd. sieurs de Commenailles et de Rye, fut dict par led. sieur de Saint-Mauris, que en cas que icelluy sieur Bailly se voulsist retirer sans prendre conclusion et resolution au bon effect de l'assemblée desd. estats, et que sa magesté se treuvoit par ce interessée, qu'ils protestoit de tous interests a l'eucontre dud. sieur Baylly, et au mesme instant se leverent lesd. sieurs mareschal et president et autres bons sieurs en l'estat de noblesse qui s'addresseront aud. sieur Bailly qui desia s'estoit levé de sa place pour se retirer auquel ilz dirent et prièrent vouloir persister en sa charge a luy commise par mond. sieur le prince iusques a l'entière conclusion desd. estats et que la response fut faicte aux sieurs commis de S. M. sur quoy led. sieur Bailly de Dole apres les propoz et protestations dessusd. faites de sa part, retourna se asseoir en sad. place, continuant sa charge en la qualité que dessus (16), et furent auant que partir de l'assemblée resolues toutes choses despendantes desd. estats mesmes furent deputez de chascun estat ceux que s'ensuyvent, tant pour esgaler et getter led. present don gratuit, veoir et faire rendre compte aux deputez precedents des imposts dont ilz ont eu charge, comme aussy pour estre presents à faire les récompenses à ceux qui ont faict service au pays.

Premièrement pour getter et esgaller led. present don gratuit.

Assavoir pour le baillage d'amont Reverend pere en Dieu et sieur messire François Bonvalot abbe commendataire de l'abbe de Saint-Vincent de Besançon.

Noble sieur messire Pierre d'Occours chevalier sieur de Lieffrans, et maître Antoine Martel licencié es-droits.

Pour le balliage d'aval pour led. don gratuit.

Reverend pere en Dieu et sieur messire Pierre

de la Baume euesque de Genève, prince d'empire, abbé commendataire et administrateur perpétuel de l'abbaye de Saint-Ouyan de Joux.

Noble sieur messire Adrien de Vaudrey sieur de Corlaou chevalier en lad. court de parlement, et noble et eggrege personne messire Henry Colin docteur es droicts conseillier de S. M. en icelle court de Parlement.

Pour le baillage de Dole pour led. don.

Reverend pere en Dieu et seigneur messire François de la Palud, abbe commendataire de Luxeul, messire Aymé de Balay, chevalier sieur de Longvy, et noble et egrege personne messire Jean le Moyne docteur es droits sieur de Mutigny.

Les commis et deputez pour ouir les comptes des deputez precedente a scavoir pour le baillage d'aval.

Reverend pere en Dieu messire Loys de Vers abbé des abbayes de Mont s. Marie et la charité, le sire de Montfort et le sieur Du Port.

Pour le baillage d'amont

Reverend pere en Dieu messire Marc Cussemenet, abbé de l'abbaye de Bellevaux, hault et puissant seigneur messire Jean seigneur de Rupt, premier chevalier en lad. court de parlement et maître Simon Thomassin de Vesoul, sieur de Villeperot.

Et pour le baillage de Dole pour lesd. comptes.

Noble et egrege personne messire Remy d'Occours docteur es droicts sieur de Vorges conseillier en la court de parlement, le sieur d'Arestel, messire Jean Tirol dud. Dole licentié es droicts, ausquels sieurs commis dessus nommez et à chacun d'eux mesd. sieurs des estats ont donnée et donnent toute puissance et auctorité a ce pertinente et necessaire [d'] appellér avec eux pour scribe le greffier desd. estats ou son commis.

Autres commis et deputez pour estre presents avec les (dits) au present deputez pour le don gratuit, a faire les recompenses pour lesquelles récompences messieurs de l'estat de léglise n'ont voulsu eslire ny commettre autres que leurs deputez pour led don.

Assavoir pour le balliage d'Amont le sieur de Rupt, et le procureur d'Amont, pour le bailliage d'aval, le sieur de Marigny et le sieur du Port, et pour le balliage de Dole messire Aymé de Balay chevalier seigneurs de Longvy, et messire françaís du champ dud Dole, docteur es droicts.

Après lesquelles deputations et commission fut advisé par messieurs des estats de faire response ausd. sieurs commis de S. M. laquelle response fut remise a l'apresdisné dud. Tier iour a deux heures apres midy, a laquelle heure de rechef s'assembleront au college lesd estats par lesquelz fut requis reverend seigneur messire Guillaume de Poitiers, prothonotaire du St-Siege appostolique, chanoine de Saint-Lambert de Liége, conseigneur de Vadans, faire lad response a messieurs les commis de S. M. lesquelz se treuverent en lad. assemblée en la grand saule dud college, et par led. sieur prothonotaire fut faite icelle responce en presence desd. trois estats illec assemblez,

Assavoir qu'yceux desd. estats accordoient à sad magesté liberalement en don gratuit la somme de cinquante mil frans a les recouvrer sur led. pays en la manière accoustumée payable a. la Saint-Martin prochain en un an, a condition toutes fois de anticiper led terme la necessité survenant. Requerant ausd sieurs commis de S. M. la supplier vouloir prendre consideration a l'accident et grand orvale survenu aud. pays par la perdition des vignes pendant l'uiver follement y gelées et perdues, et la pluspart de la paisson des bois, nouhiers, pommiers, poiriers et autres semblables fruicts, declarant en oultre ce que cy devant est contenu, tant sur la vision des ordonnances, redditions des comptes qu'autres choses suz mentionnées.

Laquelle responce faite fut déclairé par monsieur le président que la loyauté et bon vouloir desd. des estats, estoit tant experimentée à sad magesté et le debvoir qu'ilz auroient tousiours faicts par cy devant en toutes choses concernantes le service de sad magesté qu'elle eut bien désiré les relever presentement leur demander aucune chose, nestoit les grands et urgens affaires supportez par sad magesté ramentevés et déclairées au propoz dud. sieur president cy devant narré, et que sad magesté désiroit lesd des estats prendre consideration ne laisser le pays depourveu de choses servants a la deffense et préservation d'icelpy mesmes veaut les discrimes (17) regnant présentement.

Que neantmoins pour les considerations mises

en avant de la part desd estats, singulierement de l'orvale et accident desd. vignes et fruicts, acceptoient soubs le bon plaisir de S. M. le don gratuit par la maniere qu'a esté accordée et feroient leur mieux envers sad magesté la suppliant vouloir considerer les cœurs et bonnes volontez desd estats plus avant que a la chose donnée bien scachans que tous les subjects dedient comme ils, et leurs predecesseurs ont dedié leur biens, leur corps et leurs personnes a la devotion et service de sad. magesté delaissant le reste aud. seigneur de Saint Mauris comme charge particulière a luy commise par sad magesté.

Et après lad. responce ainsy faite par led sieur president a esté aussy respondu par iceluy sieur de Saint Mauris ainsy que s'ensuit, a scavoir, messieurs ie pense que vous avez meurement pesé toutes raisons que pouvoient convenir à la publication des nouvelles ordonnances dont de la part de sa magesté ie vous avois pourté propoz, et croy bien que pour bonnes et urgentes considerations, vous vous estes resolus de non procéder à la publication dicelles dont en mon particulier ie ferai le rapport a sad magesté, a laquelle il sera tres-aggreable d'entendre la bonne et saincte détermination qu'auez prise quant a la reddition des comptes des deniers de ce pays, que ie ne puis encores delaisser vous ramentevoir pour le desir que ie sçay sad magesté a ce que lad reddition soit entierement effectuée dont aussy aduertiray sad magesté et de tous aultres poincts desquelz il vous a pleu m'encharger particulierement.

Et incontinent apres la conclusion faite, et mesdsieurs des estats estans encores ainsy assemblez en lad. saule dud college de Mortault par maître Nicolas Vaillardet premier huissier de la cour souveraine de parlement dud. Dole a esté leu a haulte voix et intelligible, le billet duquel la teneur sensuit. Messieurs representans les trois estats de ce pays et Comté de Bourgoigne, presentement assemblez par ordonnance de l'empereur nostre souverain seigneur, lon vous faict remonstrance et declaration de la part de messire Hugue Marmier president de Bourgoingne, meu d'honneste et raisonnable occasion seruant a la conseruation de son honneur, chose a luy singulierement recommandée, que sy aucuns de vous ou aultres de quelque estat ou qualité qu'ilz soient prétendant qu'il aye donné ou faict donner en maniere quelconque aud. president comme juge, ne en consideration de judicature, dez le temps qu'il a esté institué en l'estat de president, que fut sont passees dix huict ans, or, argent monnoyé, ou non monnoyé, bagues, joyaux, pierreries, drap de soye, de laine, ou autres semblables meubles ou immeubles, de quelque valeur qu'ils puissent estre, qu'il en facet declaration et poursuite, et iceluy president offre se submect, et oblige tant ses biens que [sa] personne rendre non seullement ce que veritablement se trouvera par luy avoir esté pris, directement ou indirectement, ains a la partie qui donné l'aura, le quadruple, et a sa magesté le conduple (centuple) pour la faute qu'il aurait en ce commis.

Aussy vous remonstre que sy aucuns de vous

ou autre de quelque estat qu'ilz soient pretendent avoir esté foullé, exacté et adommagé iniurié ou oppressé en manière quelquonque par led president, soubz couleur et auctorité de son office ou autrement, qu'ilz ayent a le declarer icy publiquement a sa magesté et a tous aultres qu'il appertiendra, a ce que luy, s'il est trouvé coulpable, yl soit aygrement chastié à l'exemple d'autres, ou les accusateurs ou detracteurs de son honneur punis par egal et reciproque iugement.

Desquelles remonstrances et declarations led. president [requerre] instrument luy estre otroyé par le greffier desd. estats, es mains duquel il a delaissé ceste presente declaration escrite et signée de sa main pour en donner copie a tous qui avoir la voudront, Ainsy signée Marmier, apres laquelle lecture ainsy faite par led. huissier, mond. sieur le president a delivré a moy soubscrit greffier desd. estats led. billet escript et signé de sa main, et a dict et prononcé haultement les parolles suyvantes, messieurs s'il y a personne qui de present ou cy apres me veuille acculper des choses de ma part publiées, mes biens et personnes demeurent au pays et y sont, pour en respondre par la forme et maniere contenue aud. billet, dont et de laquelle publication et chose dessusd. led sieur president a requis a moy led. greffier attestation et instrument que luy ay ouctroyé en ceste forme pour luy valoir et seruir ainsy que de raison. faict à lad. assemblée desd estats en lad. sale dud. college Saint Hierosme, les an, jour, mois et presentes que dessus.

Notes du troisième Recès.

(1) Comme chacun sait, le comte de Bourgogne se trouvoit être alors Charles-Quint.

(2) La famille des Boisset venoit d'être anoblie par Charles-Quint : ainsi qu'on l'a pu remarquer, les comtes de Bourgogne, rois d'Espagne, continuoient la politique des ducs de Bourgogne en opposant à la noblesse d'épée, la noblesse parlementaire qui jeta une si grande illustration sur le pays.

(3) La famille des Faulquier, sans s'élever au niveau des premières familles du pays, étoit cependant considérable ; elle tenoit aux Vaugrigneux, aux De Portier, aux De Chevroz, aux L'Aubespin. Un Fauquier est abbé de Saint-Claude en 1460, un autre fut écuyer de Philippe le Bon, un Pierre Fauquier fut capitaine du château de Poligny en 1455 (voir Chev., *Hist. de Poligny*, t. 2ᵉ, p. 354). Jean Faulquier étoit donc d'assez bonne maison pour avoir droit de représenter le prince de Nassau, et pour que l'orgueil formaliste de l'évêque de Genève n'en fut pas offensé ; ajoutons qu'il étoit bailly de Dole, et par là même dévoué à la science du droit et aux intérêts parlementaires, qui déplaisoient à la haute noblesse, encore toute imprégnée alors des idées féodales. Du reste, nous avons dit ce qui précède pour jeter quelques lumières sur la querelle du bailly de Dole avec l'évêque de Genève qu'on lira plus loin.

(4) Dilagreer de *dilargiri* répandre avec profusion, ce mot n'a jamais été beaucoup employé. Du reste nous retrouverons bien d'autres expressions empruntées au latin dans le discours du président Marmier, et ceux qui suivent.

(5) Du mot latin *jactura*, perte, dommage.

(6) Charles-Quint fit en effet beaucoup de démarches pour provoquer un concile ; il ne fut assemblé, après bien des pourparlers et des contestations, qu'en 1545. Ce fut le fameux concile de Trente.

(7) Du mot latin *ditio*, domaine.

(8) Le Recès de l'assemblée des Etats de Franche-Comté dont il est ici question, n'est pas rappelé dans la publication de monseigneur de Troyes, ni dans notre manuscrit.

(9) Le restant de *remanere*, rester, demeurer.

(10) Incolumité, d'*incolumitas*, conservation.

(11) De *demovere*, déplacer, enlever.

(12) De *villecatio*, qui veut dire administration d'une métairie ou d'une ferme.

(13) Une note un peu détaillée est ici nécessaire. Les officiers du roi dont il est question sont les procureurs et les avocats fiscaux, qui faisoient alors partie du ministère public ; on avoit reconnu par expérience que la présence des officiers du fisc aux Etats gênoit la liberté des délibérations. On leur reprochoit de ne pas se contenter d'une seule voix délibérative pour tous, à laquelle ils avoient seulement droit, et de chercher à obtenir un vote pour chacun d'eux en particulier ; et de disposer ainsi de la majorité en s'alliant tantôt aux uns tantôt aux autres. Les fiscaux se défendirent, la lutte se prolongea (voir la publication des Recès de Franche-Comté, de Mr de Troyes), on accusoit encore les officiers du fisc, de geêner à la liberté des débats ; eux prétendirent qu'ils avoient la possession ; ce que nioient vigoureusement les différents ordres des Estats. L'affaire alla au roi d'Espagne, qui renvoya le tout au parlement, l'illustre compagnie décida que les fiscaux, pour ne pas entraver le service du roi, se contenteroient de se présenter aux estats pour *satisfaire* aux avis qu'on pourroit leur demander ; puis après ils devoient se retirer pour ne pas gêner la liberté de la discussion, sauf à y retourner si l'on avoit besoin de leur avis.

(14) Lisez les charges de leurs fiefs : on sait qu'en temps de paix les seigneurs étoient exempts d'impôts ; mais en temps de guerre, ils supportoient une partie des dépenses de la guerre à leurs frais ; et souvent ils en revenoient ruinés.

(15) Vient probablement de momentum, mouvement, valeur importante.

(16) Pierre de la Beaume-Montrevel, à l'époque de la tenue de ces Etats, est évêque de Genève et abbé de Saint-Claude.

Il devint, plus tard, cardinal et archevêque de Besançon ; passant par Arbois, il y mourut et y est inhumé ; un de ses ancêtres, Jean de la Baume, avoit épousé, en 1400, Jeanne de Chalon, l'une des héritières de Louis de Chalon, comte d'Auxerre ; c'est à cette alliance que le fougueux prélat fait allusion dans sa discussion avec Jean Faulquier. Joachim de Rye, neveu de l'évêque de Genève, avoit un procès avec le président Hugues Marmier, probablement pour leurs seigneuries qui s'avoisinoient ; car on n'a pas oublié que Joachim de Rye étoit seigneur de Rahon, et Hugues Marmier seigneur de Gatey et de Chaussin. Ces seigneuries étoient du ressort de Dole ; et le bailly de Dole avoit pu y intervenir dans un sens contraire aux intérêts du sieur de Rye. L'évêque de Genève ne pouvoit manquer de soutenir son neveu. Voilà peut-être un des motifs de cette lutte qui rend ce recès si curieux, indépendamment des autres causes d'intérêt qui s'y rattachent.

(17) Descrimen, hasard, chance périlleuse.

D. A. THIBOUDET.

TRADUCTION

D'UN

FRAGMENT DE PROCÈS-VERBAL DE RÉFORME

FAIT EN 1563

Au couvent des Cordeliers de Lons-le-Saunier

Nous comptons bien que les personnes timides et pieuses qu'effaroucheraient les documents du genre de celui que nous publions, considéreront les choses d'une manière assez large et assez haute pour croire que nous n'avons mis en cause, par cette publication, ni la religion ni ses ministres. Les faiblesses humaines confirment l'excellence des doctrines ; historiquement parlant, il y a longtemps que c'est un fait acquis : ce procès-verbal constate au contraire la profonde et énergique volonté de l'Eglise qui sait porter le fer chaud dans ses plaies et réformer sa discipline quand il en est besoin.

Ce curieux document, du reste, est un des premiers publiés dans ce genre, et il nous fournit une utile étude de mœurs au XVIe siècle, en Franche-Comté.

D. A. THIBOUDET.

.... (*) Je fis amicalement appeler à moi le frère Denis Violet qui dédaigna de se rendre à mon invitation, ajoutant par récrimination que je n'étois que frère Grand, serviteur et non supérieur de la province ; il ajouta encore qu'en nulle façon il ne se rendroit à mes ordres. Les susdits frères Guillaume Thorret et Bernardin Guyot entendant une pareille réponse, lui ordonnèrent de ma part, en vertu de la sainte obéissance, et sous peine d'excommunication majeure précédée des trois admonitions canoniques, d'avoir à venir, dans le plus bref délai possible, me donner des renseignements sur l'état et la direction de son couvent. Il prit mes ordres en dédain et en fit si peu de cas, qu'il s'appliqua en tout à méconnoître ma qualité de père provincial ; c'est dans ce sens qu'il s'expliqua avec un prêtre séculier, et plusieurs personnes laïques, que je lui avois envoyé par bienveillance pour l'appeler à moi. Enfin, lassé de l'attendre, je fis citer le susdit frère Denis par lettres ouvertes, signées et scellées, puis affichées à la porte de l'église du susdit couvent, à avoir à comparoître devant moi dans le susdit chateau de Lons-le-Saunier dans l'espace de trois heures, pour avoir à répondre à certaines interrogations qui devoient lui être posées, faute de quoi il encourroit l'excommunication majeure et se verroit privé de son office et emprisonné. Et quoique frère Denis ait méprisé

(*) C'est le père provincial qui parle dans ce procès-verbal d'enquête.

tous nos ordres, quoiqu'il ait négligé d'obéir à nos menaces ; pour qu'il ne soit pas dit que nous avons prescrit un trop bref délai, et afin de prévoir tout ce qui pouvoit arriver, je l'attendis encore le jour suivant et jusqu'à l'heure de complies du troisième jour, pendant lequel espace de temps il persista à ne pas comparoître.

Le dimanche qui se trouvoit être le quatre mars, je l'excommuniai et le cassai de son grade de gardien, à cause de son défaut de comparution.

Le six de mars au matin, en ma qualité de père supérieur, j'envoyai les lettres de citation afin de les faire afficher aux portes du susdit couvent ; elles étoient signées et scellées, elles furent portées par les frères Guillaume Thorret et Bernard Guyot, les mêmes qui n'avoient pas reculé devant la mission de porter la citation à Denis Violet. Ces lettres de citation étoient adressées à François Varnoz, à Pierre de Ville, à Louis Potier (1), à Denis Nivet et à Jean Bernard, pour avoir à se rendre, dans l'espace de six heures, au château de Lons-le-Saunier, et avoir à répondre, par devant le supérieur, à certaines questions qu'il auroit à leur poser ; faute de quoi, ils auroient à encourir la privation de leur bénéfices, la punition d'être déclarés contumaces pour leurs désobéissance, de subir l'excommunication majeure et enfin d'être incarcérés.

(1) Peut-être doit-on lire Portier, famille connue dans le pays. Tous ces noms du reste nous semblent des noms du pays, tronqués par un visiteur étranger qui leur a donné dans le texte latin une terminaison italienne.

Pendant que les susdits frères affichoient ces lettres, un autre frère du même couvent portant un gros bâton accourut auprès d'eux et les railloit en vociférant contre eux des clameurs.

Et parce que les susdits frères ne comparurent pas dans l'espace de temps assigné, quoique on leur eut fait la grâce de les attendre jusqu'au lendemain, le susdit supérieur, au moyen d'un mandataire, priva les appelés de leurs bénéfices, rendit publique leur excommunication, et les condamna aux prisons par lettres patentes signées, scellées et publiquement affichées à la porte des églises.

Et comme les frères Guillaume et Bernard exécutoient les ordres donnés en faisant poser les affiches, le frère Denis Niverd accourut à eux, et leur arracha des mains les susdites lettres en s'écriant que Pierre Grand n'étoit pas supérieur.

Le neuf du même mois, par une autre affiche de ces lettres aux portes du couvent, toujours par l'intermédiaire des frères Guillaume et Bernard, j'ai de nouveau cité à comparoître le susdit excommunié et déposé Denis Violet, pour avoir à répondre à l'enquête faite et à faire sur sa conduite, et toujours en lui faisant les mêmes menaces.

Et peu après, comme les mêmes affiches étoient de nouveau apposées, survint un frère du même couvent qui, devant tous les spectateurs, arracha les lettres; et le susdit Denis Violet que j'avois primitivement cité, ne prit nul souci de comparoître et n'envoya personne pour le représenter : puis ajoutant à ses méfaits, le même jour, ce frère déposé et excommunié Denis Violet, fit afficher dans les lieux publics des lettres signées de sa main et scellées du sceau du couvent, par lesquelles avec une incroyable témérité il m'enjoignoit effrontément à moi son supérieur, d'avoir, sous peine d'excommunication majeure, et dans l'espace de neuf heures, à déguerpir de Lons-le-Saunier et des limites du territoire de cette ville.

Ces lettres étoient remplies d'injures contre moi : elles scandalisèrent grandement plusieurs séculiers, à cause de l'arrogance de ce même frère Denis Violet qui venoit cependant d'être déposé et excommunié.

Du reste plusieurs frères du susdit couvent ont encouru la sentence d'excommunication parce qu'ils ont divulgué les secrets de l'ordre aux séculiers ; il y a plus, des lettres que l'on me faisoit passer clauses et scellées, ont été ouvertes, et le secret violé ; et ils s'en servirent pour appeler à leur secours et intéresser en leur faveur les laïques, afin d'empêcher la sainte réformation. Ils refusèrent également à nos frères qui arrivoient là pour la célébration des saints mystères de prêter les ornements ecclésiastiques, comme s'ils avoient été tout à fait des étrangers et des inconnus ; et le susdit gardien tombant de plus en plus dans la perversité, dit à une personne noble que si je mettois les pieds au couvent *il me feroit un tour de Bourguignon* (1). Ils dirent encore à d'autres que si la

---

(1) Cette phrase est en français et soulignée dans le texte : Y aurait-il là une vague réminescence des mauvais traitements que les

susdite dame (1) pensoit à m'introduire dans le couvent, ils me tueroient entre ses bras (2). Ils ajoutèrent plusieurs horribles et abominables paroles contre l'ordre et nos frères ; et, partant de là, ils blasphémoient Dieu et se parjuroient en toute manière comme s'ils avoient été la peste des hommes.

Information prise avec frère Désiré Corpet, enfant du même couvent, de la même année, le 5 de mars, à 6 heures.

En premier lieu, il affirme et garantit que, depuis le départ du père général, on n'entreprit nulle réforme sur aucun point, excepté le jour du dimanche, où l'on disoit à table le benedicité et les grâces.

Quant aux choses matérielles, en ce qui touche la règle, il ajoute que les frères du susdit couvent acquièrent indifféremment et sans choix des propriétés de toutes façons qu'ils étaient à leur ca-

---

moines de Baume firent, environ en 1147, subir à un visiteur qui venoit pour y rétablir la réforme.

(1) Il est ici question de Philiberte de Luxembourg, veuve à peu près depuis un an, et qui habita si souvent le comté de Bourgogne. Philibert de Chalon devoit alors avoir un peu plus de un an.

(2) Cette phrase, si irrespectueuse pour la princesse d'Orange, n'indique-t-elle pas la colère de l'ancien gardien contre cette princesse ? Cette colère devoit être motivée par la réforme du couvent à laquelle poussoit Philiberte de Luxembourg, le père Fodéré, dans sa notice sur le couvent de Lons-le-Saunier, attribue cette réforme à la maison de Chalon ; mais comme le mari étoit mort récemment et que le jeune Philibert étoit encore trop enfant à cette époque, on doit attribuer cette réforme à sa mère.

price. Il ajoute qu'il y a surtout un certain frère, Henri Bornier, qui est un grand blasphémateur du nom de Dieu. Le gardien et les religieux mangent dans leurs cellules et acceptent des repas en dehors de la communauté; et, quoique dès le principe de la réforme, quand le père général se trouvoit ici, un syndic ait été préposé à la réception des aumônes, cependant après son départ, le frère Bornier reçut les sommes; et, selon son habitude, les employa à son usage, sans même s'en cacher.

Il ajoute en outre que les aumônes particulières ne sont pas déposées pour être partagées en commun; car, comme l'on a déjà dit, il n'y a point de syndic dans le couvent.

Que les fêtes, les solennités et les autres cérémonies ne sont pas observées dans le susdit couvent.

Quant au vœu de chasteté, il constate que le frère Louis Potier est surtout entaché du péché de fornication, au point qu'un enfant novice étoit chargé d'introduire dans le couvent une femme de mauvaise vie; et que ce vice a gagné plusieurs frères; et bien plus, on dit qu'une femme débauchée se trouve dans l'intérieur du monastère.

Pour le vœu d'obéissance, il assure que les frères obéissent au gardien quant cela leur plaît, et rien de plus. Il ajoute que depuis le départ du père général, les femmes entrent indifféremment dans le couvent.

En sus, il ajoute que les frères du susdit couvent ne portent plus d'étoffes grossières, mais des bottines avec haut-de-chausse, selon la mode du siècle.

Après avoir constaté la rébellion et la contumace des susdits frères, le même jour je fus forcé par le devoir de mes fonctions, et selon les ordres que j'avois reçu, de recourir au bras séculier ; je requis donc le seigneur Louis de Vaudrey (1), bailly d'aval, officier de notre sérénissime prince l'archiduc, et commissaire spécial pour présider à notre réforme, afin qu'il me fournit aide et secours pour abattre l'audace de ces rebelles et les ramener à l'obéissance. Du reste, je m'étois expressément promis de ne pas employer le susdit bailly, ou sa suite, ou quel autre que ce put être, à pousser les effets de mon autorité jusqu'à l'effusion du sang, ou même à laisser donner quelques coups ou blessures ; ma pensée étoit d'amener les frères à la réforme, sans bruit ni tumulte ; et je manifestai ces intentions devant l'illustrissime mère du prince (2) et en la présence des deux magnifiques et nobles seigneurs, François, maréchal de Meximieux, et Jean de Gières, seigneur de Montaigu (3).

(1) Louis de Vaudrey, de la branche de Mutigney, fut capitaine des gardes de l'empereur Maximilien ; il suivit Philippe le Beau en Espagne. C'étoit un brave chevalier à grand air et à bonne mine, dont la bravoure étoit incontestée.

(2) Philiberte de Luxembourg, mère de Philibert, prince d'Oranges. Elle patronoit le couvent des Cordeliers, et paroît, comme nous l'avons dit, n'avoir pas été étrangère à la réforme de ce couvent.

(3) Philippe-le-Bon avoit confisqué en 1413, sur Louis de Chalon, la seigneurie de Montaigu. Il la vendit à Bernard de Gierres, et Jean, fils de celui-ci, dont il est ici question, finit par en hériter.

Tout cela se passoit à la pointe du jour, le dix mars, au château de Lons-le-Saunier.

Le douze du susdit mois, jour de la fête de saint Grégoire, évêque, les frères de la réforme et moi fûmes introduits sans violence et sans obstacle d'aucune sorte dans le couvent de Lons-le-Saunier, par l'illustre seigneur bailly d'aval, qui employa dans l'exécution de son mandat autant de fermeté que de prudence, puisque tout se passa sans tumulte ni sédition.

Quand les frères de la réforme et moi fûmes entrés, nous trouvâmes les rebelles qui poussoient des clameurs et des vociférations, afin d'exciter le peuple contre cette réforme.

Irrité d'une rébellion si prolongée, et ne daignant pas tolérer plus longtemps ce désordre, prenant avis de notre conscience, et ne devant pas laisser impunie une telle insubordination, je leur ordonnai de se taire, ils ne voulurent pas obéir ; alors j'ordonnai que le susdit Denis Violet, gardien déposé et excommunié, qui se trouvoit dans le chœur où il excitoit les autres, fut renvoyé dans la partie inférieure de la susdite église.

Et quand, selon mes ordres, on l'emmenoit, tous les autres commencèrent à pousser de plus fortes clameurs, espérant ainsi exciter une sédition dans le peuple ; et bientôt le reste des indisciplinés vint à moi ; j'étois alors séparé d'eux par beaucoup de seigneurs qui se trouvoient dans l'église : peu à peu ils fléchirent le genou et demandèrent humblement pardon des fautes qu'ils avoient commises. Ils me reconnurent pour supérieur et provincial et me supplièrent de leur rendre ma première affection.

Et moi, dominé par l'esprit de charité, je me suis rendu aux prières de la communauté ; je leur octroyai à tous le pardon ; et je les réintégrai dans la communauté des frères.

Mais hélas, pendant la nuit qui suivit, à notre insu, les susdits frères s'enfuirent : poussés par une témérité sacrilège, ils enlevèrent les calices, les ornements et les principaux ouvrages de la bibliothèque, au grand dommage du couvent et au grand scandale des séculiers ; d'où l'on peut conclure de quelle espèce se trouvoit être leur bonne volonté ; et qu'ils n'eurent jamais la pensée de se soumettre à la réforme. Ils affirmoient qu'ils acceptoient cette réforme, mais les loups apparurent sous la peau des agneaux. Leur audace dut être réfrénée par tous moyens, et leur iniquité punie.

Et dans l'obstination de leur malice, comme dans le but de défendre leur perversité, ils introduisirent dans le couvent, avant leur sortie, comme nous l'avons rapporté, des hommes et des armes, sans vouloir en permettre l'entrée à nos frères. Et tant par la force que par la ruse, ils cherchoient à soulever le peuple contre les frères et moi ; mais Dieu, par sa grâce, nous fit échapper à tant de périls ; et comme je viens de le rapporter, ils s'enfuirent secrètement du monastère.

S'en suit la copie des lettres dont il est fait mention plus haut, affichées par ordre de Denis Violet, gardi endéposé et excommunié, contre le R. P. frère Pierre Grand, ministre provincial, au grand scandale de toute idée religieuse :

Au très-cher fils en Dieu, frère Pierre Grand, frère Denis Violet, humble gardien du couvent de Lons-le-Saunier, salut éternel dans le seigneur.

Comme il est avéré d'après les saintes écritures que les incorrigibles doivent être ramenés à la maison du Seigneur, autant par la voie des avertissements que par les rigueurs de la justice, et pour que sa simplicité ne fasse pas périr la brebis malade, mais afin que les sévérités de la justice ramènent l'antique discipline, selon ce qui est écrit dans la rubrique des règles monachales et des lois canonicales que le scandale résulte plutôt de la communauté que de l'individu; là surtout où il est écrit qu'il est absurde que ceux qui produisent le scandale viennent au secours de l'Eglise.

Ce considéré, moi susdit gardien, je requiers et j'ordonne à toi et à tes adhérents, en vertu de l'inspiration du Saint-Esprit et de la sainte obéissance, sous peine d'excommunication majeure, et par un seul avertissement tenant lieu de trois, que, dans l'espace de neuf heures, à dater des présentes, tu ayes à déguerpir prestement du château dudit lieu de Lons-le-Saunier et de son territoire; étant données trois heures pour le premier avertissement, trois autres pour le second et trois pour le dernier. Et si tu n'obéis pas à ce mandement et ordonnance, tu seras censé avoir reconnu mériter la sentence d'excommunication, pour maintenant, comme pour plus tard, pour plus tard comme pour maintenant ; et tu t'imposeras à toi-même la fin de ces censures, lorsque ta rébellion rentrera dans les conditions de l'obéissance ; et surtout, quand tu ne nous parleras plus dans tes missives de ces rubriques de nouvelle formation.

Tu as encore mérité d'être excommunié par ta conduite diabolique dans la cité de Besançon, de la part du révérend père, maître Simon de Ulino, vicaire du révérend père général et gardien de cette custode. Il importe peu de quelle partie de la susdite sentence d'absolution il soit question ici, car le jugement est porté contre toutes fautes cachées et qui ne tombent pas sous le sens. Salut.

Donné dans notre couvent de Lons-le-Saunier, le huit de mars, à sept heures du soir de l'an de grâce 1503. En témoignage, j'ai signé sous mon propre scel et celui du couvent.

La lettre de Denis Violet est signée de sa propre main ; et plus bas, par Pierre Grand, dont la qualité de provincial est ainsi attestée.

TEXTE ORIGINAL

du procès-verbal de réforme.

———

…….. Conventus, fratrem Videlicet Dionisium Violeti benigne vocari feci, qui vocatus venire contempsit, improperando dicens, me fratrem Petrum Grandis esse servum non ministrum hujus provinciæ, addens insuper quod act me nullo pacto veniret cujus responsionem audientes fratres prœdicti videlicet Guillelmus Thorreti, et Bernardinus Guyot, illi, ex parte mei injunxerunt et in virtute obedientiæ et sub pœna excommunicationis latæ sententiæ præceperunt, trina et canonica monitione præmissa quod quamcitius ad me veniret, me informaturus de regimine et statu conventus sui, quod quidem agere omnino contempsit, et parvi faciendo mandata me suum non esse prœlatum omnino asseruit, hoc ipsum etiam dixit cuidam Presbitero sæculari generose per me ad eum vocandum misso, et pluribus aliis sœcularibus. Et tandem cum non veniret, expectatus, patentibus litteris signatis, et sigillatis, ad valvas ecclesiæ ejusdem conventus affixis, citatus fuit idem frater

Dionisius compariturus coram me in dicto castro, et responsurus certis interrotogariis sibi fiendis infra trium horarum spatium, sub pœnis excommunicationis latæ sententiæ privationis officii, et carceris. Quando-quidem frater Dionisius spretis omnibus mandatis, et comminationibus, omnino parere recusavit, et ne de brevitate termini utar quod consequi posset, expertatus fuit per totam diem sequentem, et usque ad horam completorii diei tertiæ qua percontumac iter latitavit.

Die autem dominica quæ fuit quarta Martii, ob contumaciam fuit per me declaratus excommunicatus et officis gardianatus privatus.

Item dies exta Martii de mane, misi ego minister affigi valvis ipsius conventus, litteras citatorias signatas, et sigillatas, per fratres Guillelmum Thorreti et Bernardinum Guyodi virtute quarum citabantur fratres Dionisius Violeti, Franciscus Varnoti, Petrus de villa, Ludovicus Poteri, Dionisius Niverdi, et Johannes Bernardi, responsuri in dicto castro coram dicto ministro, super certis interrogariis eis fiendis, et hoc sub pœnis privationis officiorum, inobedientiæ contumacis, carceris, et excommunicationis lata sententiæ, et hoc infra sex horarum spatium. Et dum affigerentur ipsæ litteræ per ipsos fratres, occurrit eis alter ex fratribus illius conventus, gestans in manu grossum baculum, et eos deridebat clamando post eos. Et quia non comparuerunt infra terminum assignatum predicti fratres, expectati de gratia usque in crastinum, nec per responsalem nimistrorum, prædictus minister, eosdem fratres sic citatos officiis privavit, et contumaces filios carceris, et excomunicatos denuntiavit, declaravit et publicavit, mandans sub patentibus litteris signatis, et sigillatis valvis ecclesia couventus affigendis, eos publice denunciari et declari. Cum autem prœdicti fratres Guillelmus et Bernardinus mandata exequentes prœdictam affixionem facerent, occurrit eis frater Dionisius Niverd qui violenter a manibus eorum litteras prœdictas rapuit, clamans et dicens, fratrem petrum Grandis non esse ministrum.

Die vero nona ejusdem mensis per aliarum litterarum affixionem valvis ipsius conventus iterum mandavi citari depositum et excomunicatum fratrem Dionisium Violeti, per prœdictos fratres Guillelmum et Bernardinum, responsurum titulis, formatis et formandis contra eum cum comminatione etiam.

Et paulo post prœdictam affixionem supervenit quidam frater ejusdem conventus, qui omnibus prœsentibus easdem litteras rapuit et asperiter ipse autem sic ut prœmittitur citatus, nullo modo comparere curavit, nec aliquis pro eo, et mala malis cumulando ipsa die prœdictus frater Dionisius depositus et excomunicatus in locis publicis affigi fecit quasdam litteras manu sua signatas, et sigillo conventus sigillatas, quarum vigore prœcipiebat nimia ductus temeritate, mihi prœdicto ministro sub pœna excomunicationis latœ sententiœ quatenus infra novem horarum spatium, absentare haberem locum Ledonis Salnerii ; et ommes terminos ejus, in quibusquidem litteris multa injuriosa verba continebantur adversus me quæ etiam litteræ multos sœculares mirabiliter scandalizarunt propter nimiam arrogantiam ejusdem fratris Dionisii Guardiani depositi et excommunicati.

Cœterum multi fratres prœdicta conventus sententiam excomunicationis incurrerunt, quia secreta ordinis sœcularibus propalarunt, quinimo litteras quæ mihi degebantur clausas, et sigillatas aperuerunt et violaverunt, auxiliumque et favores ad impediendam sanctam reformationem, hinc inde apud quoscumque seculares, continue postularunt fratribus etiam nostris illuc causa celebrationis accedentibus, indumenta ecclesiastica accomodare denegarunt, ac si essent omnino extranei, et ignoti et in profundum malorum deveniens Guardianus cuidam nobili dixit quod si venirem ad conventum faceret mihi *un tour de Bourguignon*. Quod alii etiam dixerunt, quod si prœdicta domina presumeret me introducere in conventum inter brachia sua me interficeret multaque alia nefanda et horrenda contra ordinem nostrum et fratres, huic inde dixerunt, blasphemantes deum, et perjurantes variis modis ac si essent pestilentissimi homines.

Informatio habita cum fratre Desiderato corpeti filio ejusdem conventus, anno quo supra et die Quinta Martii hora ut sexta.

Et primo dixit et asseruit quod a recessu patris generalis, nulla ibi fuit reformatio etiam in quibus cumque rebus, hoc excepto quod die veneris dicuntur benedicite et gratiæ in mensa.

Quo autem ad substantialia regulæ dixit quod in dicto conventu, fratres passim, et indifferenter contractant pecunias et exponunt sicut et quemadmodum volunt, et maxime inter alios frater Henricus Bornificis qui est magnus blasphemator dei, etiam Guardianus et ceteri comedunt in cellis, et faciunt banquetos extra communitatem, et licet a principio reformationis, cum ibi esset Pater generalis deputatus fuisset Sindicus qui pecunarias eleemosinas reciperet attamen illico post recessum suum, prædictus Bornificis pecunias recepit, ut solitus erat contractavit et exposuit.

Dixit præterea quod particulares Elemeosinæ non sunt repositæ in communi, nec est prout Dixit nunc sindicus in conventu.

Dixit præterea quod nullum ibi servatur solemne, nec cœteræ ceremoniæ.

Quoad votum castitatis dixit quod quidem frater Ludovicus Poteri, notatus est plurimum de fornicatione, ex eo quod quidam puer nonianusque, scortum solitus erat ducere, hoc pluribus fratribus retulit quinimo dicitur quod fornicaria illa, etiam pro num est in conventu.

Quoad votum obedientiæ, dixit quod tantum obediunt Guardiano, quantum placet eis, et non plus.

Dixit præterea quod a recessu generalis mulieres indifferenter intraverunt claustrum.

Item dixit frater prædictus quod fratres ejusdem

conventus non portant panniculos, sed coligas brachatas more sœcularium.

Visa autem prœdictorum fratrum contumacia et rebellione eadem die, fui coactus pro debito officii mei, et ut mihi prœcipitur recurrere ad brachii sœcularis invocationem. Requisivi idcirco dominum Ludovicum de Vaudré Baillivum d'aval officiarium serenissimi principis Domini nostri archiducis et commissarium specialem super hujus modi reformatione, ut mihi auxilium prœberet et favorem, ad comprimendam audaciam eorum, ut reduci possent, cum protestatione solemni, quod per hujusmodi requisitionem nunquam intendo quod per dictum baillivum, per assistentes seu ejusdem servitores, vel etiam per quemcumque alium, quomodocumque ad aliquam sanguinis effusionem, mutilationem seu corporis offensionem procedatur. Hæc est tantum intentio mea quod fiat reformatio conventus fratres que reducantur sine strepitu et tumultu, et hæc invocatio facta fuit in conspectu illustrissimæ dominæ principis ac magnificorum et nobilium virorum duorum francisci mareschali de Messimieux, Joannis de Gières Domini de Monte acuto ac magistri Ludovici de Cize jurium doctoris, pluriumque aliorum nobilium et religiosorum, et die decima prima Martii hæc ipsa acta sunt in ipso castro Ledonis Salnerii.

Die autem Duodecima prœdicti mensis, qua festum Gloriosi prœsulis Gregorii celebratur, fuerunt fratres nostri reformati introducti, et ego cum eis in conventum prœdictum Ledonis Salneri, sine violentia et obstaculo quocumque perprœdictum Generosum Baillivum d'Aval, qui quidem in hujus mandati executione pacifice et strenue se habuit, quandoquidem sine tumulti et sedicione omnia acta sunt. Porro ergo intraverunt fratres reformati mecum, intra chorum inventi fuere. Ibi fratres disformati, clamantes et vociferantes ut populum adversus reformationem excitare possent. Ego autem tantisque usque pulsatus injuriis, ulterius que dissimulare non valens absque nota conscientiæ, et ne talium insolentiæ utcumque remanerent impunitæ mandavi ut tacerent, et noluerunt, et primo mandavi capi et adme duci infra prœdictam ecclesiam prœdictum fratrem Dionisium Violeti guardianum depositum et excomunicatum qui ibi in choroerat, et alios conducebat. Cum autem caperetur et duceretur mandato meo, fortius clamare cœperunt omnes, ut populi seditionem excitare possent deruptum medio multorum dominorum nobilium ibi existentium, paulatim omnes genibus flexis venerunt ad me in camdem ecclesiam, pro commissis veniam petentes humiliter, et me in prœlatum et ministrum secum sponte recognoverunt, supplicantes ut eos primo affectu recipere vellem. Ego autem pietate devictus ad preces tam generosæ congregationis ibi existentis, omnibus illis, absolutionis beneficium impendere volui, et de pia gratia ad fratrum communionem admisi.

Sed proh dolor! eadem nocte, clam et latenter auffugerunt prœdicti fratres, et sacrilego spiritu ducti, omnes calices, et pretiosa indumenta et etiam libros librariæ principales rapuerunt et deportaverunt in grandem conventus jacturam, et popularium maximum scandalum, ex quo manifeste apporet quomodocumque fuerunt bonæ voluntatis nec eis aliquando placuit reformatio, asserebant enim se esse reformatos, et sub ovina pelle apparuerunt lupi, quorum audacia modis omnibus cohibenda est, et punienda iniquitas.

Et in suarum malitiæ et obstinationis deffensione, arma hostilia armatos que viros ut relatum est, antequam conventum exirent in conventum introduxerunt, non permittentes fratres nostros dictum conventum intrare, ad hoc expresse tendentes ut armis in insidiis tumultum facerent in populo et contra me ac fratres nostros seditionem omnino excitarent; sed deus per gratiam suam nos a tantis eripuit periculis; et ut supra dictum est eadem nocte mei ingressus clam auffugerunt.

Sequitur copia litteræ.

De qua fit superius mentio affixæ per cumdem fratrem Dionisium Violeti guardianum depositum et excomunicatum contra R. P. fratrem Petrum Grandis ministrum provincialem et in dedecus totius religionis.

In Dei Charissimo fratri Petro Grandis ordinis minorum frater Dionisius Violeti ejusdem ordinis humilis guardianus in conventu De Ledone Salnerii, salutem in domino sempiternam. Cum secundum sanctiones sacræ scripturæ debeant incorrigibiles per viam monitionis et justiciæ reduci ad domum domini, ne ovis morbida simpliciter pereat sedipsa severitas justitiæ ad pristinam reparationem reddat, ut inquit rubrica de statu monachorum et canonicorum regularium per totum maxime quod per tales generatur scandalum ; ibi super quod ubi habetur : indignum est ab ecclesia subveniri, per quos constat scandalum in ecclesia generari quas ob res ego supradictus guardianus te moneo et tibi prœcipio tuisque adhærentibus, in virtute spiritus sancti, et sanctæ obedientiæ nec non sub pœna excomunicationis latæ, unica pro trina monitione prœmissa, ut infra novem horas a data prœsentium, habeas cum effectu recedere a castro oppidi dicti Loci de Ledone Salnerii, nec non terminos dicti loci cum diligentia dimittere, dando tibi tres primas horas pro prima monitione, tres alias pro secunda, et reliquas tres pro tertia, et ultima. Quod si non paureris mandatis, et huic prœcepto, prœdictam sententiam excommunicationis noveris incurrisse ex nunc prout ex tunc, et ex tunc prout ex nunc. Finis ergo ex hiis taliter a te imponatur, quod petitæ conditionis rebellio per virtutem sequentis obedientiæ valeat expirari, capitulo quod ex injuncto Rubrica de natis opis nuncia ne jam lauda per diabolicam rebellionem in civitate Bisuntina hanc sententiam excommunicationis incurristi. Per prœceptum reverendis patris magistri fratres Simonis de Ulino vicarii reverendissimi patris generalis dicti ordinis, nec non custodis hujus custodiæ :

nec constat quavis parte de absolutione sententiæ prœdictæ, et de hiis quod non sunt, et non apparet id est judicium, et vale, actum in dicto nostro conventu de Ledo Salnerii hac luce octava mensis martii hora septima ipsius diei, anno domini 1503. Teste signo meo manuali hic apposito, cum sigillo mei officii et conventus. Sic signatum frater dionisius Violeti gardianus mandat propria manu et inferius Fr. Petrus Grandis qui supra minister ita attestatur et Polit.

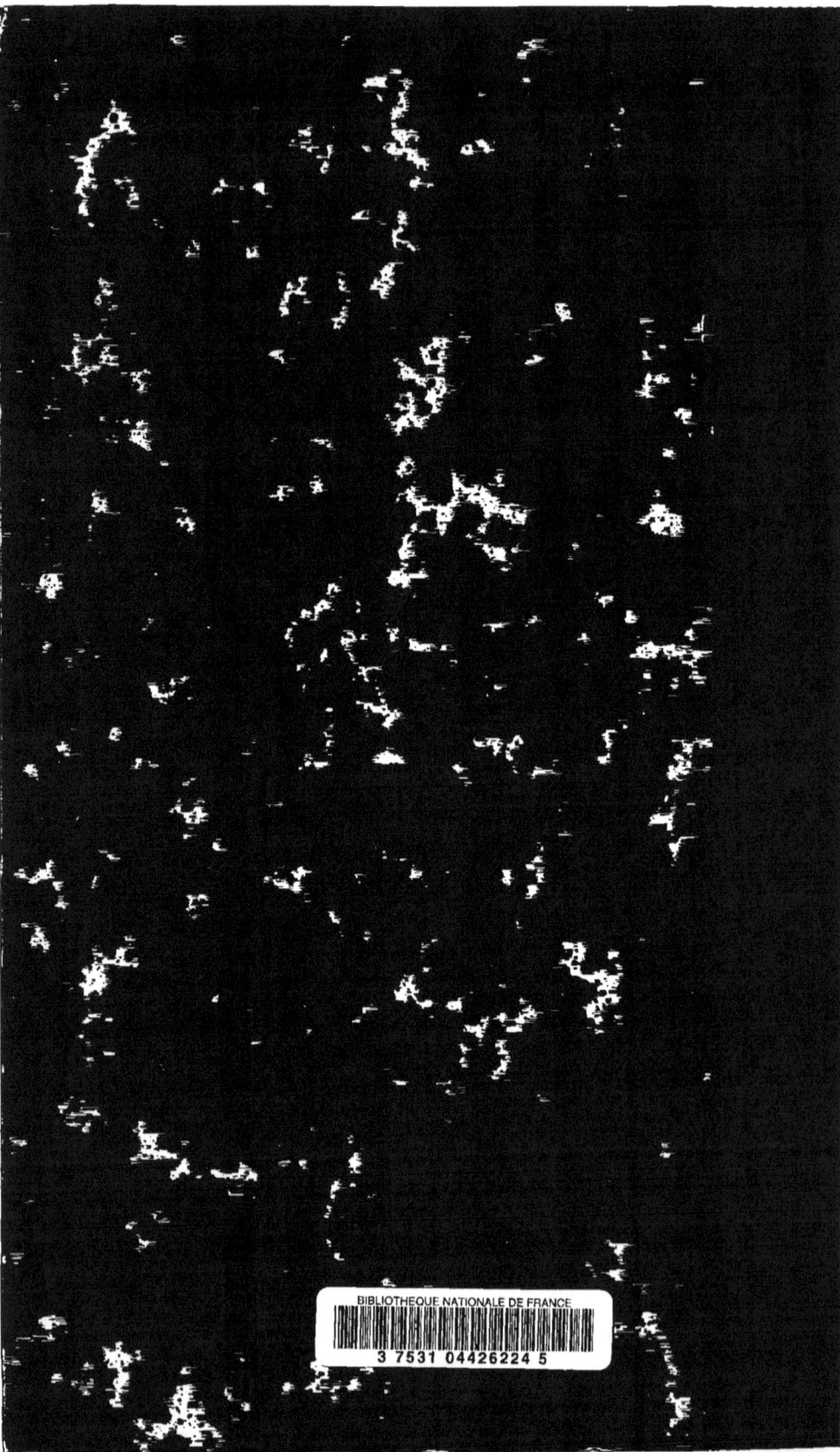

www.ingramcontent.com/pod-product-compliance
Lightning Source LLC
Chambersburg PA
CBHW070320100426

42743CB00011B/2495